保育かわらなきゃ

プロローグ

二〇〇〇年、保育園の人気が高い。その理由はいくつかある。

働く母親が増えてきて、長時間保育や一時保育が必要になったこと。三歳までは何としてでも親が子どもをゆったり、丁寧に育てるという意識が変わってきたこと。

改訂された保育所保育指針では、乳幼児にとって最大の利益を考慮するとしながら、少子化対策としての、様々な保育サービスの充実を意識したものになっている。

また、平成十二年度より、幼稚園教育要領が新しくなる。幼稚園は、厚生省を中心として保育園で実施されてきた地域・家庭の子育て支援に、積極的に取り組む姿勢をみせている。すでに、三年保育、一時あずかりと、従来の原則四時間保育の枠を超えて子どもの保育を始めている。

その中で、公立の保育園と幼稚園が一体となった、「幼児園」なるものが地方都市でスタートした。名前にこだわらず、時代のニーズに応えて幼児教育はめまぐるしく変化しつつある。

しかし、親にとって、保育園・幼稚園が身近で便利なものとなり、保育サービスの多様化がすすんだとしても、子どもにとっての保育の中身はあまり変わらない。

親が子どもを自然のままに、経験的に育てることができない時代だ。

これは、ひとり、親だけの責任ではない。もっと複雑な社会的要因がからみ合っている。親と子どもを取り巻く環境が、子育てをむつかしくしている。それでも親は子どもを育てていかなければならない。子どもは親にぶら下がって、何とか生き抜こうとしている。「どう子どもを育てたらよいのか」と、多くの親が今日の子育てに悩みながら、それでも、立派に子どもを育てたいと願っている。

親が子どもを安心して、いい環境の中で育てられるようにサポートするのが園の仕事だ。そして、親の子ども理解の手助けをするのが先生の仕事だ。「子どもという生き物」を理解するための解説者。それが先生の役割だ。

ところが、実際は、先生たちにも子どもがわからなくなってきている。子どもの問題行動の意味がわからない。どう指導していいのか工夫できない。自分たちの理解の及ばない行為には、「今の子は……と」苦々しい顔をしながら傍観している。

どうってことはない、子どもは子どもだ。いつの時代も、いつまでたっても子どもは子どもだ。親や先生自身がたどってきた道をやっぱりたどりながら成長している。社会的な環境変化はあっても、何も変わっちゃいない。それではなぜ、現実に起こっている問題行動に、「子どもが理解できない」という暗い予感というか、またそれ以上の実感のようなものを大人は感じているのだろう。

それは、子どもをわかろうとしないからだ。

たとえば、保育園・幼稚園の今の保育は、子どもをわかろうとする保育だろうか。むしろその反対だ。子どもを理解しない、反対の保育というのはどういう保育か。それは先生に従わせる保育のことだ。

「子どもを理解しよう」と言いながら、昨日も今日も、先生の言うことを聞く子どもを作っている。先生の学級運営の邪魔にならない子どもの評価が高く、皆と同じことをするように求める。

子どもが「やらされている」と感じているところに、問題の全ての根っこがある。それに気付かない先生の何と多いことか。

最近、事件の起こる度に、「幼児期の育ちが……」という言葉をよく聞く。そんなことはあたりまえだ。社会がようやくそのことに気付きはじめたのだろうか。「三つ子の魂百まで」という言葉の意味を本当には理解していなかったということだ。

幼児期の感情体験が、その人の人格を支配し続ける。その意味は深くて重い。

にもかかわらず、冒頭で書いたように、実際の保育の変化は、つまりは保育サービスの変化であって内面の質の変容とはなっていない。表面的なとりつくろいでしかない。

幼児保育を変えよう。先生は子どもの心の解説者となろう。親が安心して子育てできる家庭作りの応援をしよう。保育園でも幼稚園でもいい、地域の子育てサークルでもかまわない。もっと本物の保育をしよう。一つひとつの家庭を含めて、子どもがいるところ毎日「保育」が行われている。その実際の保育を変えよう。

二〇〇〇年六月

目　次

カバーデザイン　高岡　素子

かわらなきゃ編

保育室

＊保育室がそうぞうしい
＊心を解放できる場所
＊保育室を変えよう

保育室がそうぞうしい

全国の多くの保育園・幼稚園を見せていただいた。率直な感想として、まだまだ保育室がそうぞうしいと思う。子どもの声がやたらに大きく、不自然。子どもの動きに秩序が感じられない。

「元気な子どもがいるからあたりまえ」と、保育者のあなたには気にならないのだろうか。しかし、聞きなれているはずの「元気な子ども」という言葉がどうも怪しい。また、「あたりまえ」とこだわらないあなたも、やはり怪しい。子どもも先生も明るく元気はうれしいことだが、おおざっぱで無神経というのは困る。元気とそうぞうしいは明らかに違う。違いがわかる細やかさは、保育者に必要だ。

親が何か子どものことで相談した時、いつも決まって、「そんなこと気にしなくていいですよ」「子どものすることだからあたりまえですよ」とくり返し明るく笑っているあなた。親は、「そうなんだ」と初めは安心する。しかし、そんなことが二度、三度続くと、「ああ、この先生は親の本当の気持ちがわかっていない」とガッカリしてしまう。そんなちぐはぐなことは起きていないだろうか。

子どもはうれしい時、全身で喜びを表す。とても元気なものだ。しかし一方では、しゃがんで見つけた小さな虫をいつまでも熱心に見ていたりすることもある。お気に入りの絵本を読んでもらう時、目をキラキラさせて食い入るように集中して見ている。朝のグループレッスンで、先生がマーケットで見つけた大きな犬の話をすると、みんな興味いっぱいでしっかりと聞いている。

子どもは、元気なだけでなく静かにする時は、きちんとできるだけの力を持っている。子どもには、動と静と両方の力が備わっている。

しかし、子どもの静の力というのは、今まであまり問題にされてこなかった。雑くても、元気がよくて、自分を主張できる子どもや、失敗しても平気な子どもがたくましいと、先生や親にほめられてきた。

わかっていても自分の意見を言わない静かな子どもは、大人には物足りなくてあまりよく言われない。「先生の指導の邪魔になる時、子どもの口を封じて静かにさせる」ことはあっても、「子どもの持っている静の力を認めて、集中できるような場を作り出す」という努力はあまりされてこなかった。

それが結果として、「保育室がそうぞうしい」ということにつながっている。子どもが良くなるのも、悪くなるのも環境しだい。環境は子どもの持っている力を引き出す。

保育室の中で、子どもの声が大きく落ち着かないのは、保育室が子どもの静の力を伸ばす場所になっていないからだ。

心を解放できる場所

それでは、子どもにとって、安心して、落ち着ける場所って、一体どんなものだろう。保育室は子どもの生活の場だから、まず部屋が気持ち良いと感じることが一番だ。

保育者であるあなたの、お気に入りの喫茶店やレストランを思い浮かべてみてほしい。そこにいると心が落ち着く。素直になって余裕が生まれてくる。心がきれいになる気がするじゃないか。子どもたちも同じだ。保育室が素直でやさしい気持ちになれる場所だといい。

あなたが、建物や部屋を集団保育するための場所とだけ考えているとするならば、どうしても教室の便利さだけを場所に求めるようになる。そうやってでき上がった教室は、先生にとっては使い易いけれど、子どもにとっては素っ気ない、落ち着かない場所になってしまう。

想像してみよう。目的を果すだけの殺風景な部屋に入ると、大人でも緊張して、落ち着かず、自分を守ろうとして身構えてしまうことがある。そこでは、ゆったりと自分を安心して解放することはできない。

子どもが好き勝手をして走り廻ったり、大声を出すようなそうぞうしい部屋は、安心して解放されている部屋だろうか。

それは全く逆だ。

もう一度、子どもたちを見てみよう。子どもたちは不安で動き廻っているのだ。ジタバタと苦しんで奇声を上げ、笑い、ぶつかり合い、走り廻っている。そんな子どもたちの苦しい心の叫びが聞こえてこないだろうか。

保育室を変えよう

保育室を子どもにとって、先生にとって、居ごこちのいいものに変えよう。

次の具体的な保育室の写真を見て、この中で子どもたちがどのような生活をしているのか、イメージしてほしい。

ここでは、保育室は先生の指導・管理の場所でなく、子どもが安心して、落ち着ける場所になっている。一歩部屋に入ったとたん、「わぁー、おもしろそう」と、子どもを生き生きとさせる部屋だ。

全てが子どものスペースとなっていて、先生と子どもが共有して使っている。

子どもたちは自分のやりたいことを見つけて、場所を決めて、たっぷりと納得するまで試し、楽しむことができる。

何をどう選ぶのかは、子どもの自主性に任される。

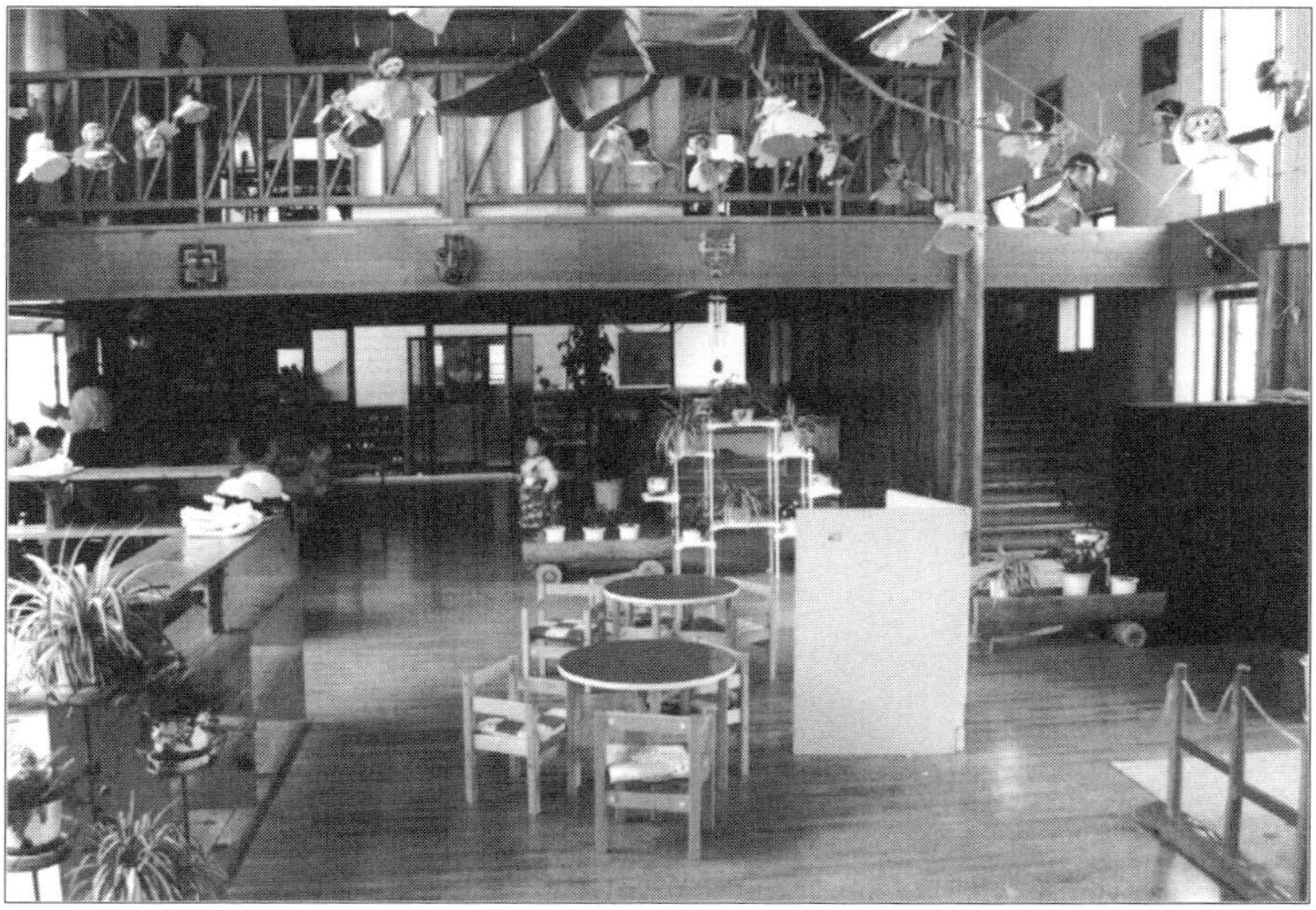

① 自分で選ぶ（課題の発見）
② 自分でやってみる（試行錯誤）
③ 自分で終わる（自己管理）

この三点が、子どもに与えられている自由であり、同時に子どもがきちんと果さなければならない、責任となっている。

先生の声

＊先生に元気がない
＊感動を分かち合う
＊子どもに元気がない
＊子どもの表情を見てみよう
＊先生の声は小さくてよい
＊先生の冷たい心と温かい心
＊子どものあそびの意味

先生に元気がない

「わぁーおもしろそう」と子どもたちが入ってきた。この園では朝の体操も朝礼もない。一〇時頃になると、あそんでいた子どもたちは、誰からともなく片付け始め、それぞれのスペースにどこからともなく集まってくる。それからクラス毎のグループレッスンが始まる。

一九九七年九月下旬に、ある市の保育所連盟から、園長が三〇人程見学に来られた。

園は、廊下があって教室に分けられているという建物構造とは違う。園長たちはちょっと戸惑われていたが、子どもたちが合図もないのに自然に片付けて集まったり、いつの間にかまた解散してあそび始めたりする様子を、興味深くご覧になっていた。

約一時間の見学のあと懇談会となった。私が園のシステムを簡単に説明したあと、質疑応答の時、ある園長がこう言われた。

ここの園は、先生たちが元気がないですね。それに子どもに対してちょっと冷たい気がします。もう少しはっきりと元気よく子どもに話しかけたり、教えたりということがあってもいいでしょう。だからなのでしょう、子どももあまり元気がないですね。活発に走り廻ったり、大きな声を出してあそんだりしている子が少ないですね。みんなおとなしく、じーっと座り込んであそんでいるように見えました。先生が子どもをひっぱり、もっと元気よくあそばないと何だか寂しいですね。

先生の声は小さくてよい

これはなかなかおもしろい意見だった。この園では、先生が大きな声を出すことはまずない。私自身そういったことがあると、その先生に注意を与える。子どもを大きな声でとりしきることは、何の意味もないと考えるからだ。

たとえば、先生の話は自分から聞くものであって、聞かされるものではない。大きな声でくり返し、これでもかと聞かされ続けると、子どもは自分から聞こうとする意欲をなくしてしまう。また、聞くことに対する感性も育たない。先生の声は小さくてよい。それは聞くことの集中力を育てるトレーニングをしている間接教育の方法でもある。

ところがこれがけっこうむつかしい。この園は現在二二〇名の子どもがいる。障害児も九名一緒にいる。毎日のカリキュラムは、型通りのクラス活動にこだわらないプログラムで、細切れにならず、自然に流れるように工夫されている。

年齢の大きい子どもも、小さい子どもも、障害児も、混じり合ってワイワイと一緒に生活している。クラスを持っている先生なら誰でもわかるだろう。複数担任とはいえ、一クラス七〇名の子どもを集めた時など、大きな声でとりしきることをしないというのは、そう簡単なことではない。

先生たちは、忍耐して忍耐して、考えて考えて、どうすれば、子どもたちに押し付けることなく、先生の気持ちや指示を伝えることができるか、何年間もかかって、その方法を見つけだそうとしてきた。

その結果、先生の気持ちや指示を伝えるのに、必ずしも大きな声で説明してとりしきることは必要でないことがわかるようになってきた。方法はあったのだ。

感動を分かち合う

保育の現場で、先生と子どもの好ましいかかわりを考える時、いつも言われるのに、子どもの気持ちを理解するとか、感動を分かち合うという保育の目標がある。この保育目標がけっこうあやふやだ。これを単純に理解していると、声の大きい、そうぞうしい先生ができあがる。

たとえば、子どもがうれしそうに何か発見して報告に来た時、「まぁーすごいわねぇー、よかったわねぇー」と、大袈裟に喜んでみせる先生がいる。それは感動を分かち合うという保育目標からして先生の役割なのだろう。しかし、役割もやりすぎると嫌味になる。また、たいてい子どもは、そのへんのことをよく見抜いて知っているものだ。「この先生は、どこまでぼくの気持ちをわかってくれているか、どれくらい演技しているか」。

感動を分かち合うというのは、大袈裟に演技することではない。子どものうれしい気持ち、悲しい気持ちに、そっと寄り添い、理解して、そばで支えることだ。先生は必要以上に騒いではいけない。大袈裟に子どもに言葉かけをしたり、抱き上げたりするのが、子どもをよく理解した温かい先生とは限らない。また、子どもにいつでも穏やかに向き合う先生の心が冷たいとも言えない。喜びや悲しみは子どものものであって、先生のものではないのだ。

自分自身のことで考えてみよう。あなたは、「うれしいこと」「つらいこと」を誰に一番に話すだろう。その相手はどんなふうにあなたの話を聞いてくれるだろう。本当に理解されている気持ちは、どんな表現になって表れるのだろう。子どもも同じことだ。「感動を分かち合う」というのにもいろいろな方法があるものだ。

先生の冷たい心と温かい心

先生が派手に子どもの間を立ち廻らないのを見て、「先生が子どもに冷たい」という先程の園長の感想にはすぐに答えることができる。

先生が子どもに対して冷たいかどうかは、そのクラスのグループの雰囲気を見ればいい。

たとえば、五歳児七〇名のクラスで、子どもを緊張させることなく、先生が普通の声で普通に話ができるというのは、先生と子どもの絆ができているからだ。それを見るだけで、子どもたちが先生を信頼して認めていることがよくわかる。

おだやかなグループ活動は子どもが話を聞かされているのでなく、自分から聞こうとしているからできる。聞こうとするのは、話し手を信頼して、安心しているからだ。そのおだやかな雰囲気と抑圧されていない子どもの楽しそうな表情を見ると、その先生の温かい心はすぐに伝わってくる。

先生が元気に大声で子どもをとりしきってまとめているのは、ちょっと見には、先生が上手に保育しているように見える。しかし、保育の仕事は先生が元気一杯生きるのではなく、子どもを生かさなければならない。子どもが生きることこそ意味がある。

子どもたちがおだやかで、無駄な動きがなく、集中して一つの物事に取り組むことができる。そういった、子どもが自分の力で生きることのできるような、保育のできる先生の心が冷たいわけがない。

子どもに元気がない

次に、子どもが元気よく走り廻っていないという意見も、私は興味深く聞いた。

なるほど、言われてみて、あらためて園の子どもたちを見てみると、園庭であそんでいる子どもも、部屋の中であそんでいる子どもも、みんなペタンと座り込んで、手を動かして何かをしている。じーっと立っている子どもはいない。やたら走り廻っている子どももいない。活発に動いているのは、園庭の右側で先生とドッチボールをしている子どもたちだけだ。みんなひたすら自分のあそびに夢中になっている。

子どものあそびに関して、私たちはおもしろい発見をした。自分で自分のあそびを見つけて、集中して取り組んでいると、子どもはそれほど動き廻ることはないということだ。あそびが見つからず、また、何をしていいのかわからない子どもがウロウロして、突然走り出したり、テーブルから飛んだり、奇声を上げたりする。先生から何度注意されても、ふざけたり、危険なことをくり返す場合もある。

私の園でも、少数だがそういった子どももいる。また、複数いる障害児はなかなか集中するテーマを自分で見つけにくいので、あちこちと動き廻っているのをよく目にする。いわゆる多動傾向だ。

子どもによっては、健常児にも多動傾向はみられるが、この場合、観方を誤ると、元気で活発、何にでも興味がある子どもと思われてしまう。しかし、多動傾向のある子どもはあちこちで動き廻ってあそんでいるようでいて、やはりあそびにはなっていない。

子どものあそびの意味

子どものあそびが成立している時は、その中に、自主的な問題発見・問題解決のプロセスが含まれている時だ。昨日と今日のあそびは同じではない。そうでなければならない。ただ元気よく走り廻っている子どもたちは、本当の意味でまだあそびを知らない子どもたちということだ。

あそびの積み重ねがなく、問題発見・問題解決のプロセスを経験していない子どもは、発達の途中で困ることが起きてくる。

子どもの学習の基本は、「模倣を通して学習する」ということ。ただ動き廻るだけの子どもたちは、何にでも興味があって手を出すが、一つひとつが完結しない。中途半端なまま、あれもこれもと気が散る。物事の本質を見きわめるだけの集中力が身につかない。これでは自己学習するだけの能力が育たない。多動傾向を持つ障害児に知恵遅れがどうしても現れてくるのは、その学習能力が育ちにくいからだ。

子どもは確かに明るく、元気で活発だ。しかし、あそびに関しては、とても落ち着いた集中力を発揮することもできる。一生懸命のあそびの延長線上にある、自分の力で学習する能力、それをきちんと育てるのが、保育園・幼稚園の役割となる。

子どもの表情を見てみよう

「先生が子どもに冷たい、元気がない、子どもが活発に走り廻っていない、もっと子どもをひっぱって元気にあそばせないと……」という最初の園長先生の意見は、私にはとてもよくわかる。

ずーっと何年もそういう保育者像が受け継がれ、保育技術が研究されてきた。そして、ひたすら明るく元気な保育者のイメージができあがってきた。しかしそこには、子どもを深く理解して丁寧に育てるという視点が欠けている。また、子どもの側から見た先生のイメージという観点も抜けている。

ちょっと角度を変えてみよう。保育の方法を変えてみよう。先生からでなく、子どもの側に立ってみると、違ったものが発見できる。それでも、子どもが元気なのか、元気がないのか、先生が冷たいのか温かいのか、どう判断していいかわからなくなった時は、子どもたちを素直な眼で見てみよう。子どもの表情が全てを教えてくれる。

「子どもの顔がいいね！」と言われる保育を目指そう。

グループ活動

実習生がやって来た

毎年六月になると、大学から学生が教育実習にやってくる。

昨年は二人の大学四年生を三週間受け入れた。毎日一生懸命で、子どもたちとよくあそぶ意欲的な学生だった。二週目に入った時、四歳児二五名のクラスの朝のグループ活動をまかせることにした。約二〇分間だが、担当した学生は、前日までにプログラムを作って、その日は若干緊張気味で子どもたちの前に座っていた。

子どもたちもいつもと違う先生が前にいるのでうれしそうだ。

グループ活動

実習生「みなさんおはようございます」

「おはようございます」

実習生「今から絵本を読みますからよく聞いて下さい」

実習生は、まず用意してきた大判の絵本を読み始めた。なかなかいい調子だが、絵本がちょっと長かったのか、子どもにむつかしかったのか、途中からゴソゴソする子どもが後ろの方にいた（まあ、どこにでもこういう子どもはいるものだが……）。それを気にしたのか、最初はいい調子だった読み方も、だんだんと早口になってきて、ゴソゴソの子どもに負けないようにと声も大きくなってきた。

何とか読み終えて、

実習生「はい終わりました。おもしろかったですか？」

「ハーイ、おもしろかった」「もう一回読んで、もう一回」

と、子どもたちは催促する。

実習生はちょっと迷っていたがきっぱりと、

実習生「これは一度読みましたから、あした別の本を読んであげます」「それでは手を出して、指あそびをしましょう」「ひげじいさんをします。いいですか」「次は山小屋いっけんをします」「次は糸まきをします」

次から次と指あそびを始めた。子どもたちも合わせてうたっている。しかし、ちょっとテンポが速いのでついていけない。子どもたちは、小さな指を歌にあわせて、うまく折ることができない。何曲か続けるうちに興味の続かない子どもがでてきた。後ろを向いたり、隣の子どもと話したり、ポケットからハンカチを取り出して、人形を作り始めたり、いろいろと騒がしくなってきた。

実習生「静かに！一緒に指あそびをして下さい。いいですか!!」「それでは次は、パン屋さんの指あそびをします」

子どもたちが落ち着かなくなってきたので、実習生の声も大きく厳しくなってきた。

実習生「たろう君静かにして！　先生と一緒に指あそびをして下さい」

たまらず名指しで注意を与える。

実習生「みなさん、おもしろかった、おもしろかったですか？」

「おもしろかった、もう一回、もう一回！」

実習生「これはもう終わりました。次は大きなくりの木のしたでをしましょう。みんな立って下さい」

ここで立たせたのはちょっとまずかった。

子どもたちは押さえ付けられていたものがパチンとはじけたかのように、騒がしくなってしまった。

実習生「みなさんきちんと立って下さい。みち子ちゃん座らないで。ひとし君そっちへ行ってはいけません。まさし君ここへ来て下さい。しゃべらないで。押してはいけません。こっちを向いて下さい。だめ！

頭をたたいてはいけません」

実習生はいよいよパニックになってきた。

実習生「そろそろ我慢できなくなったようですから、みんな外であそぶことにしましょう」

この最後の一言は正解だった。子どもたちはガヤガヤと園庭へ出て行った。もちろん、実習生がホッとしたことは言うまでもない。何とか二〇分が過ぎた。

反省会

夕方の反省会で私は聞いてみた。

「今日のグループ活動はどうでしたか？」

「はい、子どもたちを引き付けておくことが思った以上にむつかしかったです。もっともっといっぱい指あそびを覚えておこうと思いました」

何か違うかなと思ったが、初めての時はまぁこういうものだ。学生らしく初々しい感想だと思った。直球勝負というところで、変なテクニックを使うよりはいいだろう。

先生との信頼を築く

子どもたちはグループ活動が好きだ。歌をうたったり、手あそびをしたり、絵本を読んでもらったりする時間を楽しみにしている。

小さな子どもは、言葉での指示や説明だけではまだ充分に理解ができない。そこで、簡単なメロディーをつけたり、手や指を動かしたり、絵を見ながら聞いたりするのは、理解の助けになるからとても喜ぶ。しかも、そのことで集中する力はうんと伸びる。

子どもたちがわかりやすく楽しめる工夫をするのが先生の力量の見せどころだ。しかし、それらの技術はあくまで先生と子どものコミュニケーションの助けとなる道具であることを忘れてはならない。信頼関係を築くための手段だ。歌や手あそびが楽しみでなく、覚えるための指導になったり、絵本が子どもを静かにさせるための有効な小道具になってしまっては意味がない。

それらは、子どもの興味のある楽しみであって、先生の子ども管理のための手段ではない。

静かなグループ活動

グループ活動にはいろいろな方法がある。同じ指あそびでも、先生によってやり方も雰囲気もガラリと変わる。先生の人となりがそのまま出る。

ここに載せた写真を見てみよう。ちょっとおもしろいグループ活動だ。一つの教具を使って、子どもたちにそれを提供しているところだ。

ここでのテーマは「静」と「集中力」。子どもに「静かにしなさい」とか「しっかり見なさい、聞きなさい」

と注意を与えるのは、あまり賢いやり方ではない。注意されればされるほど、子どもの注意力は散漫になってしまう。何も言わず「やって見せる」という方法は、口数多く説明するより、子どもに内容がきちんと伝わるということがある。先生の使う言葉は、「見てて下さいね」の一言だけだ。

先生が終わったあと、子ども一人を誘ってやらせてみるのはいい。しかし、とにかくこの場面では、子どもが「する」ことよりも、「見る」ことを大事に扱う。

子どもの活動には、「動」と「静」がある。動的な活動は、子どもらしいということで、それほど問題にならない。しかし、静的な活動は何らかの圧力によって、「静かにさせられる」「静かにすることを教えられる」ことが多い。子どもたちが、自主的に静かにすることを好むようになるために、グループ活動にも、もうひと工夫ほしい。

先生の言葉

＊実習生の勘違い
＊ありがとう
＊新しい保育技術
＊「お利口さん」
＊先生の声

実習生の勘違い

たくさんの先生のグループレッスンの時の写真を見ていただきたい。なかなかみんな魅力的だ。いい笑顔だ。子どもとの一体感が感じられる。やさしさが表情からうかがえる。中にはユーモアたっぷりの演技上手の先生もいる。写真はごまかせない。素直に「あぁ、こんな先生の話を聞いてみたい。歌をうたって、手あそびを子どもになって一緒に楽しんでみたいものだ」と思える。

ところで、実習生がグループ活動のあと、「子どもたちを引き付けておくことが思った以上にむずかしかった、もっともっといっぱい指あそびを覚えておかなければと思いました」と話してくれた感想は、一生懸命さは伝わってくるが、ちょっと勘違いしている。

実習生が言うところの指あそびというのは、いわば、子どもの注意を引き付けるための保育技術ということなのだろう。「まだまだ技術が未熟で、子どもを充分に引

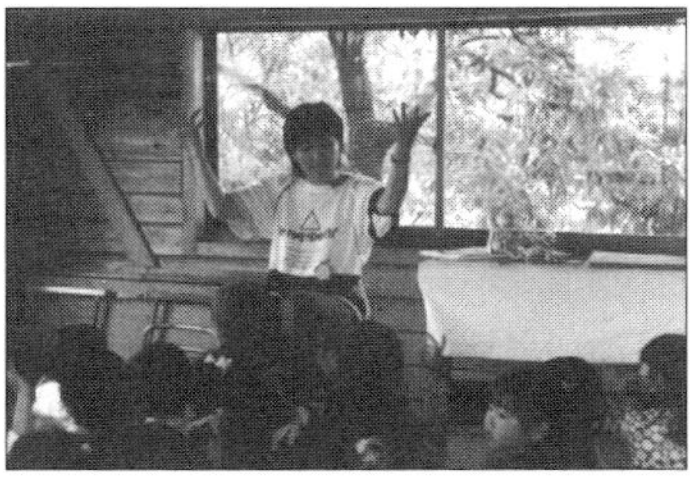

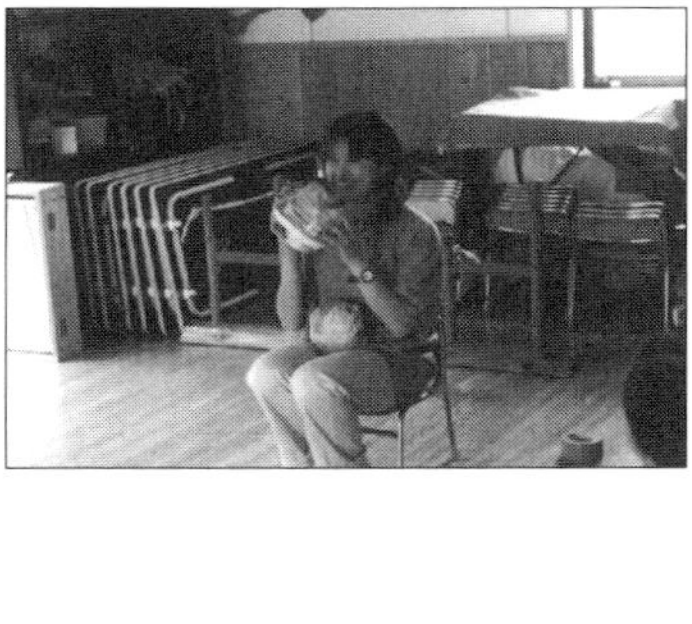

き付けることができなかった。それは、指あそびをたくさん知らなかったから。次回はもっといっぱい覚えて、子どもをたいくつさせないよう、騒がしくならないよう、しっかり引き付けよう」と、この実習生は反省している。

厳しいようだが、こういった保育技術はいくら身につけても、それだけでは役に立たないと思う。指あそびをする前に、先生には子どもが今どんな気持ちでいるのか、何をして欲しいのか、ということがちゃんとわかる洞察力が必要だ。また、子どもにこんなことをしてあげたいという、先生の純粋な奉仕ともいえる心のあり様も大切だ。グループレッスンは、子どもとのやりとりが楽しい。一方的に何かを教える、何かを与えるというわけではない。

しかし実際は、子どもを上手に扱う保育の技術がもてはやされてきた。結局そのことが、子どもの気持ちを無視した管理教育を生み出してきたわけだが、現在、大学では保育技術の意味をどのように教えているのだろうか。確かに、子どもの気持ちや状況を考えながらというのは本当にむつかしいことだ。子どもを集めたことのある先生ならば、誰でもそのことを知っている。

そこで提案だが、この実習生の言うように、「グループレッスンをうまくやるために、保育技術を磨く＝数多くの手あそびを覚える」ということを、「別の意味で技術を磨く＝洞察力や純粋な奉仕心」ということで考えてみよう。

「お利口さん」

保育技術といえるかどうかわからないのだが、具体的な現場を想像して、先生の使う言葉の選び方に注目したい。

子どもの気持ちを察したり、状況に応じた言葉使いは、けっこう保育をする中で大きな意味を持つことがある。たとえば、子どもに何か仕事を頼んだとする。子どもがそれをやり遂げて戻って来た時、先生としてあなたなら何と言うだろうか？

多くの先生（親もそうだが）は、「お利口さん、えらかったわね」と、子どもをほめる。頭を撫でたりもする。ほうびを与えることもある。子どもをほめるということはこういうものだと、いつの頃からか大人は勝手に思い込んでいる。

でも、よく考えてみてほしい。これは、子どもにとってどう聞こえているだろう。「お利口さん」という言葉は相手を見下している言葉ではないだろうか。もし、あなたが上司に頼まれた仕事をうまくやり終えたとしよう。その時、上司から「お利口さん、えらかったね」と言われたら、どんな気分がするだろう？　「馬鹿にするな、これくらいできる！」と反発する気持ちになるだろう。決して、ほめられていると素直に喜べないと思う。

それは大人の世界のことだからだろうか。大人どうしの人間関係と、子どもとの人間関係は違ってあたりまえなのだろうか。そんなことはない。しかも最近では子どもの人格を認めよう、子どもだからといって軽く扱ったり、一方的な上下関係で抑圧してはならない。子どもは一人の人間としてきちんと尊重されるべきだと時代が教え、社会がそのことに気づき始めた。先生と子どもの関係も変わらなきゃならない。

子どもが一歳や二歳の頃は親や先生に認められることがうれしくて、どんな言い方であっても子どもは喜ぶ。しかし、三歳になって、自分なりの自信もでき、自己主張も始めるようになると、「お利口さん」と言われるとけっこうムッとした顔をする。頭を撫でようとすると、その手を払いのけることもある。「できてあたりまえ」という子どものプライドが傷つくからだろう。

また、それくらいでないと困る。「お利口さん」と言われて、頭を撫でられて、それで何も気にせずうれしそうにしている子どものほうが心配だ。なぜなら、手を払いのけるプライドが自立して生きようとする自覚を育て、自分のやったことに対する自分なりの責任をとるということの強い意志を生み出すからだ。

子どもがそれくらい堂々として、自分の存在感を主張できるようになって欲しい。大人のお世話をあたりまえとして、いつも「お利口さん」に甘んじている子どもは生活力が弱く、責任感も乏しく、なかなか自立できない。

ありがとう

ちょっとした先生のかかわり方の違いが子どもの力を引き伸ばす。先生のひとことが子どもの自覚を促すこともある。

先生は言葉を選ぼう。これはとても大きな保育技術の一つだと、私は思う。

それではこの場合「お利口さん」の代わりにどんな言葉を使えばいいのだろう。それには、「ありがとう」というすばらしい日本語が用意されている。「ありがとう」というのは、お互いが対等の言葉だ。相手を見下している言葉ではない。もっと、子どもに対して「ありがとう」という言葉を使おう。園でも家庭でも、子どもにきちんと向き合って、心をこめて「ありがとう」と言おう。その時、子どもはうんとうれしそうな顔をするはずだ。そして、認められたことを喜び、期待に応えなければという責任感も持つようになる。

でも、先生も親もまだまだ小さな子どもに「ありがとう」というのが下手だ。慣れていないからぎこちない。「ありがとう」という言葉を素直な気持ちで使う、そして、それが言える雰囲気を持てるよう努力しよう。それは、指あそびをいっぱい覚えること以上に立派に保育技術を磨くということだと思う。

先生の声

先生の言葉選びを、保育技術ということで考えてみたが、それでは、声はどうだろう。先生の声の出し方によって、子どもの様子が変わるだろうか。それとも、話す

内容が同じであれば声の出し方は問題ないのだろうか。

私は先生の声の出し方によって、子どもたちの気持ちが落ち着く時もあれば、イライラと落ち着かずザワつく時もあると考えている。

実際、自分が子どもの前に立って保育する時、自分の体の中で共鳴するような、深く落ち着いた、響きのある声が出る時は、全体がしっとりとして、話がしやすくなる。逆に、のどの上っ面をひっかくような感じで、うすっぺらく出てくる声の時は、子どももすぐに聞けなくなって落ち着かなくなってしまう。それを押さえようとしてついつい声も大きくなって、ますますひどい状態になってしまう。

それでは、どんな声だといいのだろう。それがなかなか説明しにくい。声の良し悪しは関係ない、声が大きい小さいも問題にならない。方言も勿論関係ない。わかっていることは、落ち着きのある声を練習しようとしても、そんなうまい方法は簡単には思いつかないということだ。しかも声の違いなんて感性の問題だから、わかる人にはわかるけれど、わからない人にはわからないという厄介なものだ。一般化して、みんなが勉強して真似をするというものでもない。いろいろな経験の中で、一人ひとりが感じて、考えて、工夫するしかない。でも確かに学ぶ方法はある。

次のある母親の手記を読んでみてほしい。一つの参考になるだろう。

今日で夏休みも終わり、明日から二学期が始まります。私は、園でお世話になっている二歳五カ月の次女と、小学一年生の非常に元気な長女とほとんど毎日、どこに行くのも三人、何をするのも三人で、朝から晩までドタバタ、ガチャガチャ過ごした、あっという間の夏休みでした。この夏休みを終えて、一つ気になることが見えてきました。

”なんと我が家はうるさいのだろう“

べつに、テレビやビデオがしょっちゅうついているわけでもないし、家の周りが特にうるさいわけでもない。私を含めた小さな空間が非常にうるさいのです。一つひとつの話し声が、笑い声が、叫び声が、狭い家の中で、三人の小さな空間の中で、異常に声高く響き渡っている。頭がピリピリするような、胸がカーッとなるような声が私の周り、そして子どもたちの周りをとびかっている。

大きな声の出し合いはどんどんエスカレートしていって、どんどん小さな声を聞き逃し、ただの驚かしに似たような音だけに反応しているように見えてくる。

”こんなにまで大きな声をださなくても十分相手に伝わる“

そしてまた、”「元気な子どもは大きな声で！」では、どうやらないみたい。むしろ異常にさえ思えてくる“

”大きな声は聞く人の心を乱すのではないだろうか？“

私が長女を六年間、次女を二年間育ててきた結果。

そして私が三〇年間生きてきた結果が、このような現状を生み出してしまったようです。

また一つ、大きな課題が増えた。

新しい保育技術

実習生のグループレッスンから、子どもに話す時の言葉の選び方であったり、先生の声の出し方などを保育技術だと書いてきた。ちょっとわかりにくかったかもしれないので整理しておく。

保育技術ということを、二つの側面から考えてみよう。

まず一つ目は、子どもを保育する様々な技術のこと。これは、子どもの具体的なお世話も入るから、必要なことは知っておかねばならない。また、時代の変化に応じて変わる。常に新しい情報を研究して、知識を増やし、技術を高める勉強が必要だ。

二つ目は、子どもと直接かかわることでは一つ目と同じなのだが、そのかかわりを通して、子どもの気持ちを引き立たせる。やる気を起こさせる。子どもの集中する力を育てる。というような子どもの人間性を高めるような、保育の技術のことだ。また、子どもの内面をより深く理解する洞察力のこともいう。

これらのことは、技術と呼んでいいかどうかはわからない。なぜなら、介添えの方法や教具の使い方というような、誰にでも共通理解できるような型がないからだ。一つ目の技術は一般化することができる。先生が勉強して習得することも可能だ。しかし、二つ目の技術はかかわる先生によって違ってくるので困ってしまう。一般化できないのだ。

保育技術ということを、二つの側面から考えてみた。新しい観点については、まだまだこれから検討していかなければならない課題が多い。

お世話と教育

保育園は子どものお世話をするところなのか、それとも教育をするところなのかと、よく聞かれる。

私の住んでいる市の来年度（一九九九年）の保育園（所）の入所事務の書類には、次のように書かれている。

> 保育所とは、家庭で保育できないお子さんを、保護者に変わって保育する児童福祉施設です。幼児教育や、集団生活に慣れさせるために保育所に入所することはできません。

これを読むと、保育園（所）は、子どものお世話をする所というのが行政の考え方のようだ。ということは、幼児教育は各種の幼児教室や幼稚園の役割となるのだろうか？

しかし、実際はそんなことはない。保育園から小学校に入学する子どもは多く、それぞれの園で年齢に応じた教育活動が行われているのが現状だ（来年度、この市では五歳児の三六％が、保育園から小学校へ入学する）。

行政側の建前論はあるだろうが、保育園と幼稚園は一元化となって、子どものお世話だけでなく教育も行われているのが一般的な実情だ。

保育園にしろ幼稚園にしろ、目の前にいる子どもに対して、適切かつ必要な教育活動はなされてしかるべきと考える。ところが、教育の中身に関して「ちょっと　待てよ」と思えることがある。

おけいこは教育か？

次は、幼児教育に熱心なある保育園の四歳児の週のカリキュラムだ。

月曜日は一〇時に英語の先生が来園、四五分のレッスンを受ける。十一時には絵画の先生が来て昼まで絵を描いたり造形の技術を教えてくれる。午後は、お茶の教室やお花の教室がある。曜日が変わると、音楽教室や習字の練習も用意されている。

五歳児には、就学前ということで、数や文字の教室は週二回になっている。

おけいこのない週末はどうしているだろう。子どもたちはその日もあそぶことはできない。なぜなら、クラスの担任の先生が教室で習ったことの復習をさせるからだ。今週教わったことを、もう一度なぞって、子どもに理解ができたかどうか確認する。また、教室の先生のなかには、次のステップにすすめるよう予習まで担任に求めることもある。ついていけない子どもには個人指導が必要なこともある。

こうなると、「教育する」って忙しい。子どもにとっても担任の先生にとっても、負担が大きい。これほど忙しくなくても、多かれ少なかれ、こういったおけいこ教室は「幼児教育」と置き換えられて、もっともらしく盛んに行われている。

園を辞めた先生

先日、この「教育」の負担に耐えられず、また、苦しんでいる子どもを見て、「教育」の矛盾を感じて、保育園をやむをえず退職された先生が訪ねてこられて話を聞く機会があった。

おけいこの教室は、初めは専門の先生が来てくれるというので安心していました。私も知らないことを教えてもらえるので、子どもにとっても必要だとも思っていました。でも、習いごとが増えてくると、復習したりすることを求められ、子どもたちが振り回されて、充分にあそぶことができなくなってしまいました。担任の私と一緒に何かしたり、あそんだり、散歩したりの楽しい時間をもちたいと思うのですが、とてもそんな余裕はありません。

何人かの職員と話し合って、おけいこ教室を減らしてもらおうと園長にも申し入れたのですが、子どもたちの親が「いろいろ習わせてもらっている」と、むしろ、おけいこの教室を喜んでいるようなので、うまくいきませんでした。

五年間、辛抱したのですが、これでは本当に子どもを可愛がって、子どもの成長をよろこび合えるような、私の目指している保育とは違うと悩んだ末に決心して、子どもには未練があったのですが、園を辞めることにしました。

この元先生の苦しい選択を、皆さんはどう思われるだろう。

我慢が足りなかったのだろうか。それとも、自分に正直で誠実な行動だったのだろうか。

私は思うのだが、保育園や幼稚園が子どものお世話をするだけの場所でなく、いろいろな教育活動をすることには異論はない。しかし、乳幼児の教育が細切れ設定方式の学校ごっこになってしまうと、「それは違うぞ！」と言わねばならない。教育を勘違いしている。

小さな子どもの教育とは、「つまり集めて教えること」なのだろうか？

NOと言いはじめた

図1に示したのは、「お世話」と「教えること」の関係を表したものだ。見ていただいてわかるように、お世話から教えることに移行する間に重要な部分がある。それを「?」で表した。この図をちょっと覚えておいてほしい。これから具体的にそのことを説明する。

生後八ヶ月くらいの赤ちゃんがいすに座って、お母さんに離乳食を食べさせてもらっている場面を想像してほしい。母親が「あ～ん」と言って自分の口をあけると、同じよ

【図1】

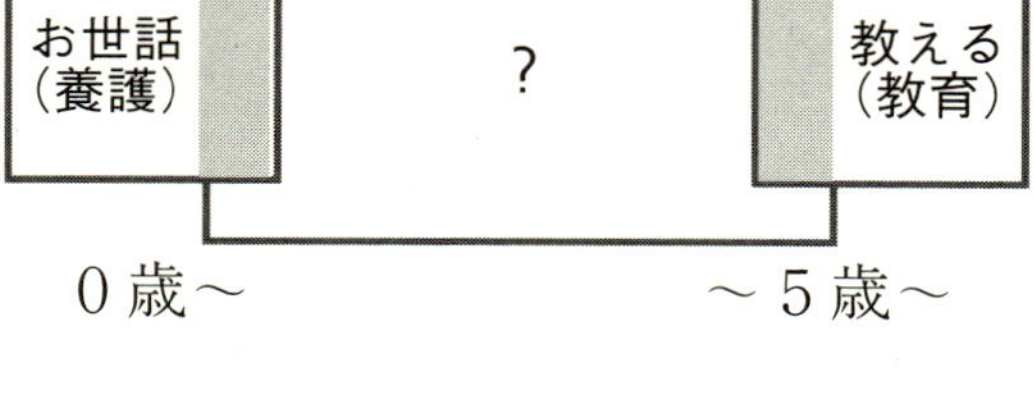

うに口をあけて、スプーンから食事をもらって食べる。「おいしいね」と声をかけられると、うれしそうに笑う。子育てのもっとも楽しいひと時だ。

ところが、そんなある日、突然といっていいくらいに、こんなことが起こる。

今朝も母親はいすに座らせて、あぶちゃん前かけをして、「今日もおいしいよ。いっぱい食べようね」と声をかけて食事を始める。野菜をいっぱい食べさせたいと、子どもの口にスプーンでつぶしたかぼちゃを入れてやる。ここまでは昨日と同じ。

しばらくして、子どもはモグモグしていたが、突然それをペーッと口から出してしまった。母親がいくら誘いかけてもプイと横を向いてしまう。母親はあわてる。一日の食事量を計算して、栄養を考えて食べさせようとしているので、それを拒否されるとうまく育たなくなるのではないかと焦る。何とか食べさせようとするのだが、こうなるとなかなかうまくいかない。体の具合が悪いのだろうかと心配もしてしまう。

自分らしさ

あわてないで、ちょっと考えてみよう。

母親を拒否するのは、そういう意志が芽生えたからだ。自分らしい心が育っているのだ。母親の一部分のような時期が終わりつつあるということだ。こう考えればいい。「子どもが一方的なお世話のみを受け入れなくなって、NOということで、自分らしさを持とうとしているのだ」と。

前記の図の「お世話」と「教える」の関連をもう一度見てみよう。

変な言い方だが、教える（教育）は、このNoと言い始めたあたりから始まるのだとすればわかりやすいだろう。しかし、一歳にも満たない子どもに、教育だからといって、食事の栄養のこととか成長に必要な量とかを説明して、教えても、これは全く意味がない。この時期、プイと横を向いて生意気に意思表示をし始めた頃には、そういう教育ではなくて、教える以前の教育が求められている。

それが図の？の部分です。

自分でやってみる

親のお世話だけでは満足できなくなった子どもは自分でやってみたいのだ。新しいことを、知識として教わって納得させられるより、わけわかんなくてもとにかく自分で試してみようとする。

こういう時、たとえば、母親の持っていた、同じスプーンを持たせてみたらどうだろう。目の前に食事も置いてみてあげよう。子どもはスプーンをつかんでカチャカチャと音をたて、かきまわし、ひっくり返して、それでちょこっとだけ口に運ぶことができる。それが大満足になる。

母親は大変だ。余分な仕事が増えた。食べさせること、片付けること、こわさないように、ひっくり返さないように見ていなければならない。下へ落としたものの掃除もある。食べさせるだけの時と比べると随分と手間もかかる。

しかし、これが、子どもの意味のある変化だ。自分の力でやってみることで、興味や好奇心を育てる。発見する喜びがある。やってみた結果からいろいろなことを学ぶ。しかも、ここでの学習は教わるのでなく、自分の力で学びとるということだ。その一途な行動から自分の力を信じることができるようになる。

この時期を、子どもはたっぷりと経験することが大切と私は思う。これは自学習の一つのパターンであり、「模倣を通して学習する」という、子どもの発達で欠くことのできない重要な学習行動だ。

「?」は、図2のように表すことができる。

三歳になれば三歳の、四歳になれば四歳の、「自分でやってみる」課題がある。きちんと積み重ねられた意欲や自信が、次の学習の態度を決めていく。

自分で試さず、教えられることに慣れている子どもはズーッとそれを期待しているから、自分からは学習しようとしない。それではやがて、どんなことにも家庭教師が必要になってしまう。一人の子どもが幼児期に身につけた学習の方法は、その子どもの将来の学ぶ姿勢を決定づけるくらい大切なものだ。

あそびが学習の場

子どもが「自分でやってみる」という学習の場は、あそびの場のことだ。

あそびの中には、一人の子どもの学ぶ態度、方法、多くの必要な知識など、あらゆるものが混然一体となって含まれている。この混然一体が子どもの自然な感情や意欲や、

【図2】

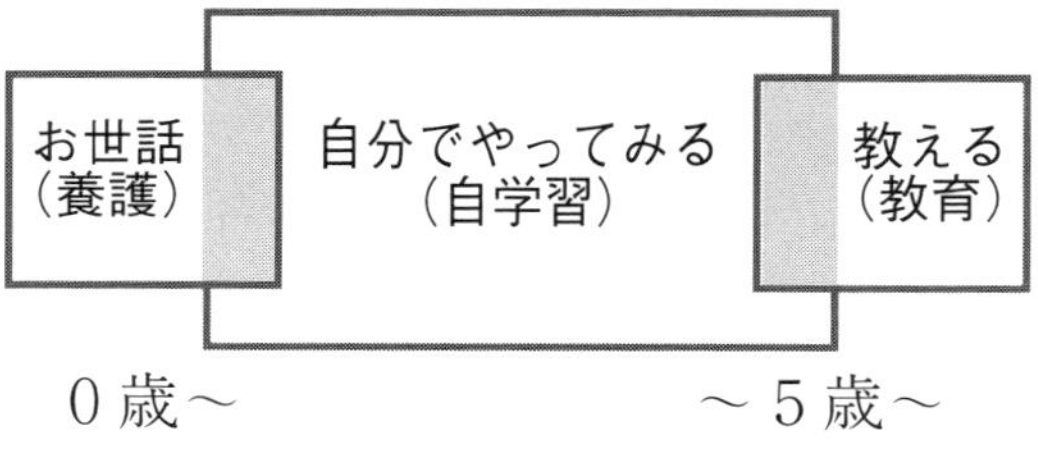

自主性を育てるために重要な意味がある。

次の例を見てみよう。

子どもが春になるとよくする「ダンゴ虫集め」のあそび。

庭で五歳の子どもがダンゴ虫を集めている。りゅうのひげの下をのぞきこんで、空き缶にいくつもいくつもつかまえている。その数をかぞえる。「1、2、3・・・12」「12コもつかまえた」と、友だちに報告している。お互いにどれが大きいか見比べている。ひっくり返して細い足をかぞえてみたりする。興味が広がると、どこにいるのか、何を食べるのか、オスとメスは……などを本で調べている。

年令の小さな子どもが寄ってくると、気前よく分け与えている。もらった子どもは、その五歳の子どもを頼って後をずーっとついて廻る。

以上を教科で整理すると、数を教えるのは算数。ダンゴ虫の特徴を調べ、考えているのは理科。友だちや小さな子どもとのからみは社会であり国語となる。こうしてみると「ダンゴ虫集め」というあそびの中に、学校でいう主要な教科の全てが含まれているのがよくわかる。

渾然一体が意欲を育てる

しかし、ここまでが算数、ここからが理科などと区別して、あそびを細切れに考える先生はいないだろう。それらが全て組み合わさって一つのあそびが成り立っているし、だからあそびなのだ。そして、そのあそびの統合性、整合性、複雑さが、子どもの発見する喜びや工夫する楽しみを豊かに育てていくことにもなっている（そのことを評価して、小学校の低学年の生活科が生まれて、すでに一〇年以上経つ）。

混然一体があそびの楽しみだ。また、やる気は楽しみがなくてどうして生まれるだろう。この「自分でやってみる」段階をたっぷり経験して、豊かに大きく意欲を育てる。その上で次の教える（教育）へとつなげていくという発達のプロセスへの配慮が、忙しいおけいこ教室のカリキュラムには欠けていると思う。

細切れ設定で何かを教えるという安易な教育の方法が、幼児期に育むべき大切な資質をおざなりにしていることがわかっていただけるだろうか。「園でのおけいこ教室が忙しくて、子どもとの充分なかかわりが持てない」と園を辞めた先生は悲しいが、それは良心の選択とも言える。

自然なあそびの用意された環境の中で、大好きな先生と一緒に毎日を生き生きと暮らす、そのことが結局は、学習意欲の高い子どもを育てることになると思う。

やらせ(1)

＊朝のあいさつ
＊「やらせはだめ」
＊生きる力
＊やっぱり変だ
＊唱え文句は「やらせ」

朝のあいさつ

私の家のすぐ近くに公立の幼稚園がある。立派な施設なのだが、園児離れがすすんで、昨年はようやく一クラスができるかどうかという状況だった。幼稚園の園児数減少は全国的な傾向だから、それは仕方ないのだが、すぐ隣なのでいろいろと保育中の声も聞こえてくる。

ある朝のことだ。

いつもと変わりなく、子どもたちは門の前できちんと指を伸ばして、丁寧に体を折って一人ひとりお行儀よく先生とあいさつをして登園してきた。時々、帽子や制服の乱れをチェックしている先生の様子が見える。九時になると子どもたちは園庭に二列に並ぶ。単学級なので先生は一人だ。やがて園長が前に立つと、マイクロフォンを持って朝のあいさつが始まった。

「みなさんおはようございます」

するとと子どもたちは、殆ど反射的に声をそろえて返事をした。

「お・は・よ・う・ご・ざ・い・ま・す」

それから、園長はいろいろな注意事項やみんな仲良くしましょうという訓話をされた。広い園庭にマイクロフォンの声が響き、周辺の建物にぶつかって二重、三重に聞こえてくる。その真ん中にちょこんと三〇名程の子どもと担任の先生が一人立っている。

私は何とはなしに見て、聞いていたのだが、何か変だ。

園長や担任の先生はこれがあたりまえなのだろうが、園の塀の外から見ているとやっぱり変だ。いつものように朝礼の時にマイクロフォンを持って、威厳正しく子どもたちに訓話されている園長には、周りからはね返って聞こえてくる自分の声が寒々しくは聞こえないようだ。

やっぱり変だ

朝礼の方法やあいさつはいつも決まったやり方でなければならないのだろうか。もちろん、子どもにはきちんとしたことを教えねばならない。しかし、子どもが三〇人いても一〇〇人いても、そのやり方が十年一日のごとく変わらないというのは何かおかしい。

また、子どもたちの一斉に唱え文句のような「お・は・よ・う・ご・ざ・い・ま・す」のあいさつを聞くと、一つの権威に対する義務を果たしているだけのような、心の通わない冷たさや、相手に本当には興味を示していない無関心さを感じる。行儀はよろしいですけれども、心のこもった「あいさつ」とはとても思えない。

本来、教育は生きものだ。その時の子どもや状況に応じて変わっていくものだ。クラスの中の男の子の数が女の子よりも多いというだけで、クラス運営や行事のあり方が変わることさえありえる。幼児保育の方法やスタイルはいろいろあっていいと思うのだが。

「やらせはだめ」

子どもの型にはまったあいさつは、きちんとしているように見えても、何となく「やらせっぽい」。子どもには「やらせ」ではなく、生きたあいさつを教えよう。それでは、生きたあいさつって何だろう。

むずかしいことではない。わからなければとりあえず子どもにまかせてみよう。子どもを観察してみよう。たとえば、朝、登園してくる子どもの中には、指をきちんとそろえて体を丁寧に折ってあいさつする子どもがいる。はずかしそうにして、小声で「おはよう」って言うだけの子どももいる。先生に見られると小声も出なくて、言えなくなってしまう子どももいるだろう。反対に、元気者で言葉にするより、先生のお尻をポーンとたたいて飛び込んでくる子どももいる。子どもにまかせると、いろいろなあいさつ、あいさつがわりの合図を見せてくれるものだ。

あいさつの方法っていろいろあっていいと思う。何故なら、乳幼児期に社会的・儀礼的な言葉使いや体の動きを覚えることはさほど重要なことではないからだ。この時期に教えておきたいこと、子どもに学んでほしいことは、あいさつの中に込められている気持ちのありようだ。

一人の子どもの何気ない仕草の中に、子どもの気持ちが込められている。自分なりのやり方に自然で素直な感情が芽生えてくる。自分らしさ、自分らしく生きることが、成長の中でどれだけ重要なことか、先生はもっと心配りが必要だ。また、それらの子どものあるがままの姿は、先生の子ども理解にはなくてはならないものだ。

ひょっとして、あなたがきちんと背中を伸ばす型通りのあいさつを教えることや、マイクロフォンを持って形式的な朝礼にこだわるとするならば、また、そうでなければあいさつになっていないと信じているとするならば、あなたはいつまでたっても、子どもの本当の気持ちを理解できないだろう。そして、子どもにさほど重要でないことを一生懸命教えていることになる。

唱え文句は「やらせ」

「やらせ」って嫌な言葉だ。やらされる人の人間性を軽く扱っている。また、それを見せられる人を馬鹿にしている。誰でも「やらされる人」「見せられる人」にはなりたくないと思っている。ところが、「やらせ」を仕掛ける人にけっこう先生が多いので困る。

先ほどの朝のあいさつもそうだが、絵本を子どもに読み聞かせしたあと、必ず「あ・り・が・と・う」と一斉にお礼を言わせる先生がいる。また、給食の時に、手を後ろに組んで長い間待たせて、次に全員手を合わせて、声をそろえて「お父さん、お母さんありがとう、よくかんで、残さないようにいただきます」と、唱え文句を言わせるクラスは数えきれないくらいたくさんある。

朝のあいさつの歌、おかたづけの歌、帰る時の歌など、唱え文句と同じように、毎日毎日うたい続けている園も珍しくない。

それらを唱えさせ、うたわせる理由を先生たちは異口同音に次のように説明する。

①「規則正しい生活のリズムを身につける。

② お礼を言う大切さを教える。

③ 親や食べる物に感謝する気持ちを育てる。

私はある講演会に呼ばれた時、会場の先生たちに聞いてみたことがある。

「毎日毎日、唱え文句を続けて、一年間に二五〇回くらい言い続けていますが、それで子どもたちに、本当に規則正しい生活のリズムが身についていると思いますか？　また、片付けることの社会性や、親や食べ物に感謝する気持ちが育っていると感じられますか？」

すると先生たちは困った顔をして

「それは何とも言えません。個人差がありますから」

と、おっしゃる。

ちょっと意地悪な質問で申し訳なかったが、それが本音だろう。先生たちには失礼だが、唱え文句のねらいは、子どもの躾、規則正しい生活のためというより、先生の「学級運営をスムーズにするための保育技術の一つ」と私は思う。

それでは、先生の学級運営のとどこおりない進行のために、やらされている子どもたちの気持ちはどうだろう。そこに生き生きとした感情や子どもらしい本音、一人ひとりの自分らしさが見つけられるだろうか。「やらせ」は人間性を馬鹿にしていると書いたが、子どもたちの人間性はどのように扱われ、守られているのだろう。

生きる力

大人にやらされている、何もかも子どもたちがそう思っているところにすべての根っこがある」と、学校荒廃になすすべを失って立ちつくす教師たちは言う。

また、「しんどい」「くたびれて何もする気がしない」「私は何の役にも立たないつまらない人間」「好きな人もやりたいこともない」と、沈んだ声でつぶやく最近の若者の生きる力が弱っているのを心配する精神科医がいる。彼女は言う。「生きる力とは、自己を愛し、自己に価値を見い出す自己意識と、他者の存在を認め、他者と共に生きる味わいを大切にする対人感情がその中心にある」。そして、現在の若者の幼少期の育ちが不健康で不健全だと…。

（朝日新聞　一月七日）

たとえば、朝のあいさつをこの論にあてはめてみると、教えられ、やらされるのでなく、自分なりのあいさつの方法を見つけ出すことで自分に自信を持つ。自分の存在価値に気付く。そして、やはりやらされるのでなく、自分から人にかかわろうとする気持ちが豊かな対人感情を育んでいくということになる。そういう、思春期・青年期につながる、豊かな育ちの環境を作り出すのが先生や親の大切な役割だ。

しかし、実際はほとんど逆であって、躾だといって、子どもの生きる力を弱めるような、型にはまった画一的な教育があちこちでされている。

子どもたちにはのびのびと生きたあいさつをさせてやってほしい。生きたあいさつというのは心がともなったあいさつということだ。自分の気持ちを相手にどうやって伝えるのかということを、自分で考えさせてやってほしい。あいさつの型はあとからいくらでも覚えることができる。練習することができる。でも、気持ちを表現することは練習だけでは身につかない。そのために、子どもが安心していろいろいなやり方を試せるような懐深い先生が望まれる。すぐに評価せず、すぐに訂正しない、いつでも子どもを受け止めることのできる先生がうれしい。

ところで、「あいさつには、いろいろなやり方があっていいじゃないか、子どもたちをもっとのびのびと育てよう」ということで、あいさつの自由化を目指した保育園がある。

一ケ月ほど経って、保護者会の時に一人の母親が次のような意見を出された。

「最近、子どものあいさつがきちんとしていないと思うんです。以前はきちんと背中を伸ばし、

言葉使いも丁寧にしていたはずなんですが、ちょっと園の躾が甘くなっているのではないですか」

それを聞いて別の母親が、

「私もそう思います。この園はきちんとしたあいさつができる、躾のしっかりとした園だったはずなのに、最近おかしいです。子どもがあいさつをしなくても、先生たちも平気な顔をしています。先生たちはちょっと怠けているのではないですか」

と、きっぱりとした調子で言われた。

先生たちは困った。怠けているのでなく、いろいろと子どものことを考え、よかれと思って取り組んできたことだ。ところが、親は別の考え方をしてしまった。どうすれば理解してもらえるのだろう。先生たちにまた大きな宿題が一つ増えてしまった。

次項でそのことを考える。

やらせ(2)

＊宿題
＊保育理念はむつかしくない
＊いつでもどこでも元気よく？
＊子どもを守ろう
＊子どもを縛りから解放しよう
＊ちょっと急ぎすぎた
＊考える筋道
＊親から学ぶ
＊自分から言える時

宿題

前項で、やらせのあいさつは駄目だと書いた。

ある園で、それではと先生たちが考えて、型にはまらない子どもらしい、もっとのびのびとしたあいさつを目指したのだが、その「あいさつの自由化」がなぜか親には不評となってしまった。

「最近、子どものあいさつがおかしいです。以前はきちんと背筋を伸ばして、言葉使いも丁寧にしていたはずなんですが、ちょっと、園の躾が甘くなっているんじゃないですか。先生たちも平気な顔をして注意しません。先生たちは怠けてるんじゃないですか」

子どものためにと思って考えてしたことだが、親は別の考え方をしてしまったわけだ。どうすれば理解してもらえるか……。その宿題が片付いていなかったので、ここではそのことを考える。

ちょっと急ぎすぎた

あいさつも含めて、子どもにやらせを押し付けるから、子どもが大人に反発するんだ、というのは間違っていないと思う。しかし、やらせは別の角度から見ると、上手に色づけされた教育と思えなくもない。そこで親は迷ってしまったのだろう。

子どもを自発的にのびのびとまではよかったのだが、「それでは今日からあいさつを自由にします」とやってしまったのがちょっと短絡的だった。厳しいようだが、それは単に思いつき保育にしかすぎないと、親から批判されたということだろう。

あいさつを自由にするということは、結果そうなるのであって、それを手段として、それから始めたから混乱を生じたわけだ。園の保育のスタイルが何一つ変わらないのに、「あいさつだけを変えます」ということでは、親にも理解できないだろう。そこにどんな理由があって、先生たちが何を考えたのか、という説明が必要となる。おおげさに言えば、保育理念が問われているわけだ。

保育理念はむつかしくない

保育理念の説明はむつかしいことだろうか。そうではないと思う。毎日の保育の中から、具体的にどんなことから先生たちがそのことを考えたのかを、話し合ったり、文章にしたりすればいいわけだ。

たとえば、次のような例も話し合いのきっかけになる。

四月、ある学校で入学式が行われた。

校長先生が新一年生を前にして、こう切り出された。

「みなさん、入学おめでとう……」

子どもたちも付き添いの保護者も、次の言葉を期待したのだが、言葉が途切れて、やや間をおいてから、

「ありがとうは？」と、校長先生の催促があった。

子どもたちが困った顔をしていると、すかさず司会の教頭先生が、

「みなさん、ありがとうを言いましょう」と、その場を取り持った。

子どもたちは声を揃えて

「あ・り・が・と・う」と、大合唱となったのは言うまでもない。

校長先生にすれば、きちんとしたあいさつを学校で教えるぞ、学校は教育の場だという意気込みがあったのだろう。子どもたちに、今日から甘くないぞという自覚を促す、最初のカウンターパンチのつもりだったのかもしれない。その意を察して、すかさず催促した教頭先生のタイミングのよさに私は感心してしまったが、この話を聞いて、みなさんは何を考えられるだろう。

考える道筋

一つの事例から、いろいろな考え方が生まれてくる。理念が正しくても、やり方が間違っていることがある。

また、やり方が正しくても理念の道筋がおかしいこともある。この例の場合は前者だろうか。

こういった身近な例をいろいろな角度から一緒に考えることを積み重ねることにより、みんなが納得できる一つの考え方（理念）が生み出されてくる。子どもの育つ現実、子どもの発達に必要なこと、そして、どんな子どもになってほしいかという願い、それらが話し合われ、そこに目指すものがぼんやりと見えてくる。それを実際に現実のものとして、しっかりと手ごたえのあるものにするために、具体的な方法として、たとえば、「あいさつの自由化」が選ばれるわけだ。

いつでもどこでも元気よく（？）

躾ということで、ある親の会で話した時のことだ。

「子どもがあいさつをなかなかしないんです」

と、悩んでいるお母さんがいた。親はみんな、自分の子どもが元気よく誰にでもあいさつができるようになってほしいと願っている。

それは、なぜだろう。

「子どもの躾のため」と多くの親が言う。

本当にそうだろうか。小さな子どもたちが大きな声で一斉に返事をしたり、聞いてもいないことに厚かましく答えたりすることに、「元気がよい」「子どもらしい」「かわいい」と思えるだろうか。きちんと躾ができていると簡単に認めることができるだろうか。

それよりも、むしろ「家や園で教えられているんだな」と、親や先生の教え込みの影をそこに感じる人は多いはずだ。躾は大切な子育ての理念だ。しかし、いつでも、どこでも、誰にでも、大きな声で一斉に同じあいさつをするというのでは、何やら割り切れないものがある。

親から学ぶ

子どもの心の中のことを考えてみよう。

小さな子どもは自分の母親や父親の目や耳を通して、世の中のことを知っていく。親がよしと思ったものを受け入れ、親がダメとしたものを拒否する。あいさつも同じことだ。お母さんのそばにジーッといて、母親のあいさつを自分のあいさつとして学んでいく。

子どもは世の中のあらゆることを勉強している最中だ。学びの途中ではまだ身についていないので、うまくできないのはあたりまえ。あいさつも勉強中だから、お母さんと一緒にいる時は、「あいさつはお母さんがするもの」と思っている。親は「私と一緒にいる時は、子どもは自分からはあいさつしないものだ」ぐらいに思っておけばいい。

子どもは親のあいさつを見聞きしながら、いつ、どこで、だれに、どのように、という「あいさつの仕方」を学んでいるのだ。

子どもを守ろう

近所の厚かましい声のやたら大きいおばさんが、子どもにおおいかぶさるように話しかけてきた時、子どもがあいさつできず、おびえてお母さんの影に隠れたりすることを心配する必要はない。そのおばさんは子どもへの話し方・接し方を知らないのだ。おばさんに応えることができないのは、子どものせいではない。

賢い大人は、子どもの目線、約九〇センチに合わせてしゃがみ込んで、驚かせないように一メートル以上は子どもに近づかず、子どもの心にそっとしのび込むような、小さく優しい声で、子どもにおだやかに話しかけてくれるものだ。いつでも、どこでも、誰にでも、元気よくあいさつするなんて、無分別で無節操なことを、躾と称して子どもに教えてはいけない。

相手をきちんと見極める力を育てないと。その模範は親が示すのだ。もし、すごいおばさんが突然子どもに向かって来た時は、すばやく、子どもとおばさんの間に割って入って、「すみません、躾ができてなくて、今度あいさつを教えておきますから……」と涼しい顔で自分の子どもを守ろう。くれぐれも、「ほら、きちんとあいさつしなさい」などと言って、引っ張り出すことのないように。

子どもの気持ちを考えてみよう。子どもは、親がどう考え、どう動くのかを、じーっと見ているのだから。くり返すが、子どもは親と一緒の時は、あいさつは親がするものと思っていると覚えておこう。

自分から言える時

それでは、子どもはいつになったら「コンニチハ」と、自分からあいさつができるようになるのだろう。それは明快にすぐわかる。「自分一人でいる時」だ。

親から学んだことを、自分一人になった時ひとりでできる。それが本当の意味での躾の完成といえる。躾は子どもが一人でする時に失敗しないように身につけさせておくものだ。朝、お母さんに手を振って一人で保育園に入って行く。自分から先生に「おはよう」のひとことが言えるようになれば、もう大丈夫。

また、近所で子どもが一人で歩いている時、おばさんに声をかけられる。ちょっと緊張して、ニコリともせずに小さな声で前を向いたまま、「コンニチハ」と返事する。これでいい。

次の日になって、そのおばさんから、

「おたくのお子さん、えらいのよ。昨日ちゃんとあいさつしてくれたんですよ」と、聞かされる。

「えっ、そうなんですか。わたしはあの子があいさつしている声なんて聞いたことがないんですよ。そうですか、あいさつできていましたか」

「ええ、ちょっと緊張して、かわいかったですよ」

これで本物だ。

あいさつができるようになるというのは、こういうものなのだ。

子どもを縛りから解放しよう

逆に、親や先生に型通りのあいさつをいつも強制されている子どもは、親や先生がいないところでは、まずあいさつはしない。

「うるさく言う大人がいなくて、せいせいする」ぐらいしか考えていないから、人の気持ちを考えない、とても乱雑な子どもになってしまう。友だちの家にあそびに行っても、親がいないと「こんにちは、おじゃまします」とも言わず、平気で靴をけとばして上がり込む。その上、勝手によその家の冷蔵庫を開けて「おばちゃん、何かない？」なんて、厚かましくて、ルール違反なことをしてしまうことさえある。

こういう子どもたちは、親や先生の前では、けっこう大人受けのする適当なあいさつはできるものだ。

「大人のやらせ」でない、自発的なあいさつを考えながら、ちょっと寄り道をしてしまった。

しかし、あいさつひとつをとっても、子ども一人ひとりが本当に自分らしく育つことができているかというと、ちょっと苦しい。実際は、大人の管理の下で大人の気に入る子どもが、教育の名を借りて作られているという気がしてならない。

だから、最初にあった「あいさつの自由化」を目指した園の先生たちには、何としてもがんばってほしい。応援したい。保育方法に関して、親からいろいろと批判されるのは辛いものだが、ちょっと頭を押さえられたくらいで引っ込むことはない。やろうとしていることは間違っていないのだから、失敗をくり返し、くり返し経験しながら、先生たちにも知恵が生まれる。親も「先生のすることには何か意味があるのかな?」と考えられるようになってくる。大人の子どもを大切にしたいという気持ちから出発して、その理由を具体的に明らかにし、「子どもを大人の縛りから自由にする」方法をいっぱい考えてみてほしい。

保育目標に問題あり(1)

＊唱え文句～それじゃはじめよう～
＊どうもありがとうございました
＊自分で考える力
＊ちょっと観方を変えてみよう
＊広がることができない
＊何か違うぞ
＊扱いにくい子ども
＊先生は忍耐して工夫しよう

唱え文句　～それじゃ　はじめよう～

秋の紅葉の美しい頃、ある地方の園から職員研修の依頼があって出かけた。山と稲刈りの終わった田に囲まれた素朴な保育園だ。

私が着いた時には、子どもたちがすでに園庭に並んでいた。あとで聞くと「私が来る」というので、園の先生たちもはりきって、その日は特にビシッと決めていたそうだ。

私は子どもたちに、

「やあ、おはよう」

と、声をかけた。

「いい天気で気持ちがいいね。せっかく来たんだから、楽しいダンスを教えてあげよう」

と、勝手に決めてすぐに上着を脱ぎ始めた。先生も子どもたちもちょっと調子が違ったのか、しばらくキョトンとしていた。しかし、私が脱いだ上着をどこに置こうかと迷っていたのを見て、一人の先生が走ってとりに来てくれた。それを見てみんなやる気になったようだ。

「それじゃー始めよう。隣の子どもとぶつからないように、手を伸ばして広がってくれるかな」

と、私は合図を送った。

ところが、しばらく待ったのだが、子どもたちは二列にきちんと並んだまま動かない。

「これでは踊れないので、ちょっと広がってくれるかな」

と、もう一度声をかけた。しかし、子どもたちはやはり動こうとしない。あれっ！と思って、一人ひとりの子どもの顔を見ると、それでも困った表情をしている。どうやら、私の言うことは聞こえているようだ。変だぞっと私が戸惑っていると、その時、横から一人の先生が元気よく出て来た。そして、首から下げていた笛を鋭くピーッと鳴らした。その笛の合図でようやく子どもたちが動き始めた。

あぁそうなんだ、ここでは笛の合図が必要なんだと、私は妙に感心しながら、子どもたちを見ていた。

広がることができない

私は笛をあまり使わない。あの甲高い音が鳴るとドキッとして、身がひきしまるというより縮んでしまいそうで、それでいて緊張して汗が出てくるので、できれば使わないようにしている。

さて、子どもたちだが、ようやく動き始めたのだが、それでも何か変だ。

「違うよ、友だちにぶつからないように広がるんだよ」

と、三度目の声をかけた。しかし、子どもたちはどうしても広がることができない。どんなに動いても二列に並んでしまうのだ。

図3のように、ムカデみたいになるので見ているとおかしくて、不思議で笑ってしまった。でも、おもしろがってはいられないので、仕方なく一人ひとりに立つ場所を教えることにした。

「はい、ここに一人、ここに一人、こっちへ来てくれる、あなたここ、それじゃーくっつきすぎるよ、もう少し離れて」

と、それぞれに立つ場所を指示して、図4のようにようやく広がることができた。

【図3】

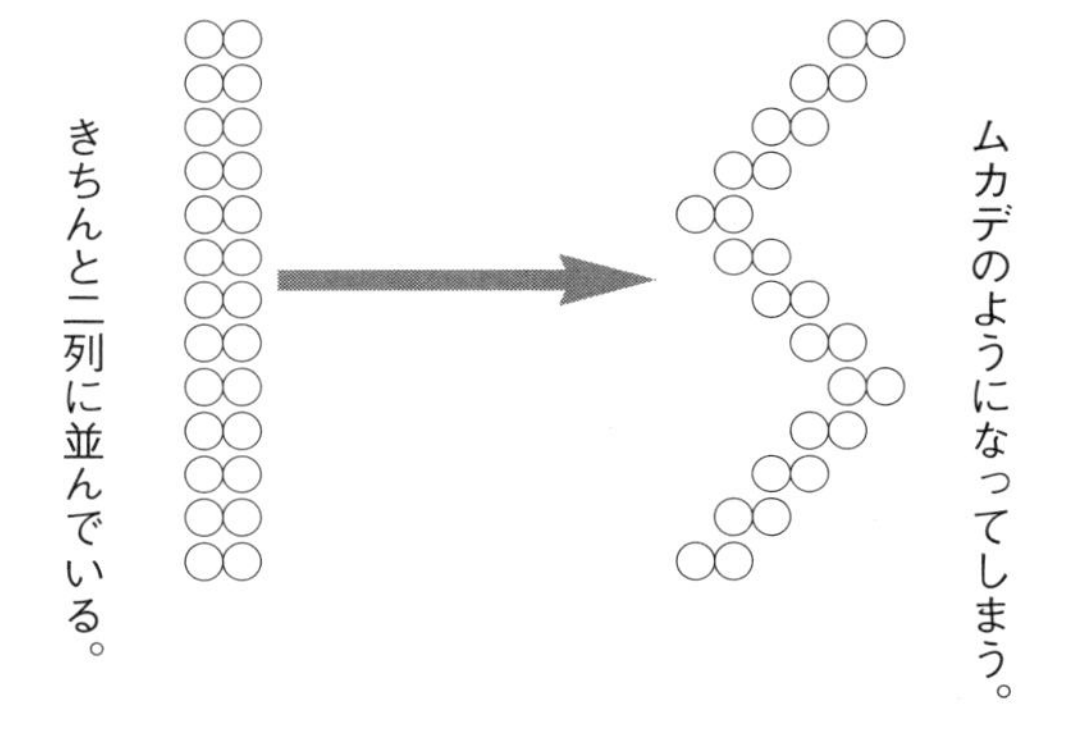
ムカデのようになってしまう。
きちんと二列に並んでいる。

【図4】

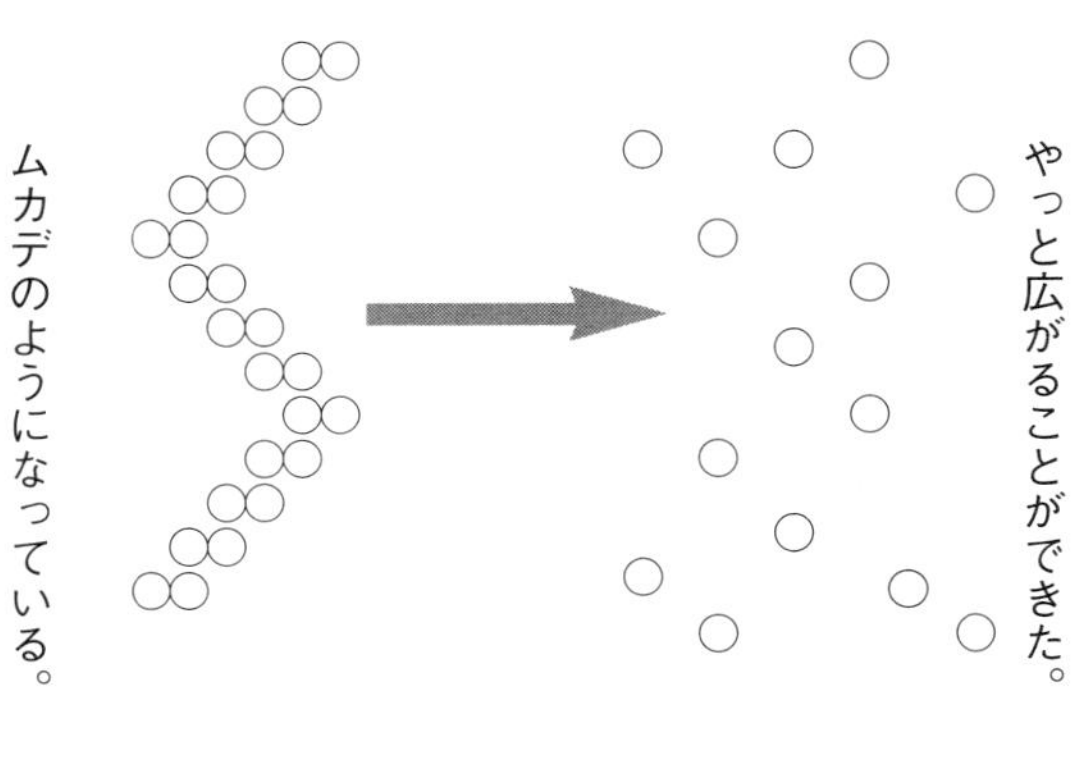
やっと広がることができた。
ムカデのようになっている。

どうもありがとうございました

さて、やっとダンスを始める準備ができた。子どものことだから、音楽に合わせて体を動かすのは大好きだ。最初ギクシャクした動きでも、だんだんリラックスしてきた、なめらかになってきた。縮んでいた足も手も伸びて、ウキウキしてくる。楽しくて三回も踊って、みんなとてもいい顔になった。

「楽しくかったね、またやろうね。今日はこれでおしまい」

と、ちょっとはずんだ息で私が言うと、すぐさま横から、例の先生が元気よく飛び出して来てピーッと、あの鋭い笛を鳴らした。すると、踊りのためにやっと覚えたバラバラに立っていた場所から、子どもたちがはじかれたように、再び二列の隊形に並び始めた。

【図5】

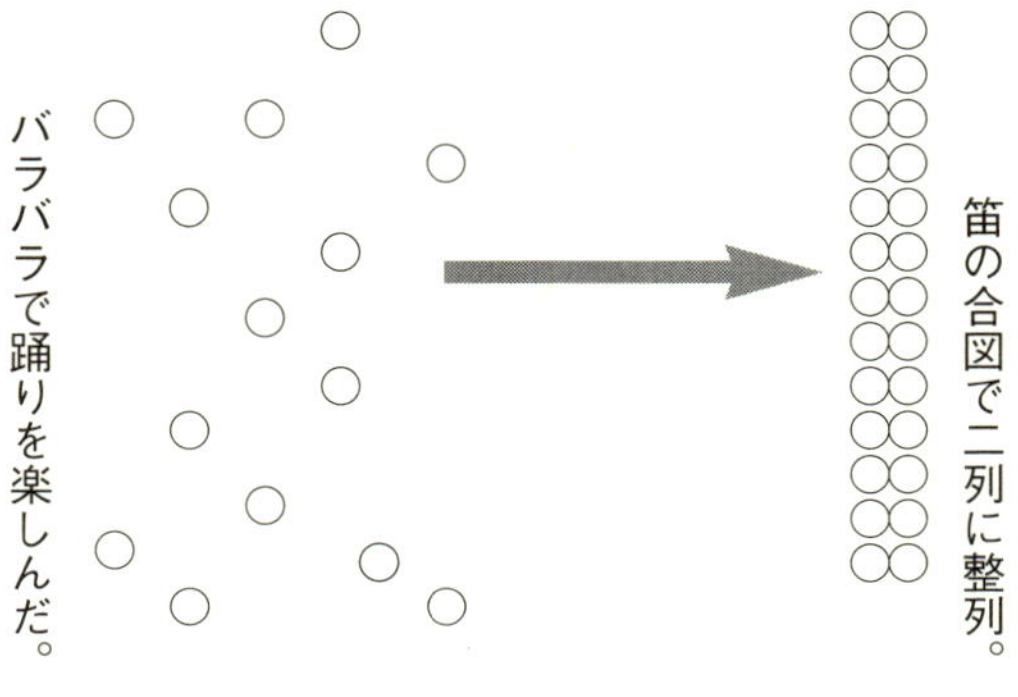
笛の合図で二列に整列。
バラバラで踊りを楽しんだ。

「トントンシュ、トントンシュ」

と、機械的に唱えながら、手拍子二回で手をまっすぐに伸ばす動作をくり返しながら、またまた見事に図5のように二列に並ぶのだ。顔つきも、踊っていた時のいきいきと楽しそうな表情は消えて、緊張して固くなっている。列からはみ出さないように、ちょっとの体の位置をすごく気にしている。先生は子どもの周りをぐるぐる回って真っすぐに並べているかどうかをチェックしている。はみ出している子どもがいるとすかさず列に押し込む。

やがてきちんと二列に並び終えると、先生の合図で、子どもたちは私に向かって、一斉に声を揃えてこう言った。

「ど・う・も・あ・り・が・と・う・ご・ざ・い・ま・し・た」

何か違うぞ

私はちょっと複雑な気持ちだった。子どもたちと一緒に体を動かして楽しかったのだから、一人ひとりと顔を見合わせて「楽しかったね」「おもしろかったね」「むつかしかった?」「またやろうね」と、うれしい気持ちのまま終わりたかった。きちんと整列して、一斉に唱え文句のようなお礼を言われても、正直言ってあまりうれしくはない。しかも、せっかく楽しいことを一緒に経験して、初めて出会った子どもたちと少しは仲良くなれたかなと思っていたのに、きちんと整列したことでそれを断ち切られてしまった。よそよそしさが戻ってしまったようで寂しい気持ちになった。

しかし、先生たちに悪気はない。それが私に対する礼儀だと思っている。また、きちんとお礼を言わせることが子どもの躾になると信じている。礼儀を守ったり、お礼を言うことや、躾はとても大切なことだ。子どもたちにそれを身につけさせる教育をするのは先生の仕事なのだろう。でも、何か違うぞという気がしてならない。

自分で考える力

礼儀やお礼を言うことには、T（Time）、P（Pjace）、O（Occasion）という言葉がある。いつ、どこで、どのように、という吟味され、よく考えられた状況設定が必要だということだ。大人同士では、親しい友人には無礼講よろしく、それほどきちんとした礼儀を尽くしたりしないものだ。丁寧にお礼を言ったりすることが逆に、「私たちの仲なのに水くさい」と嫌がられることもある。お互い知り合いでも十分理解できていない時は、中くらいの礼儀で接する。まったく初対面で、仕事のパーティーの席で、その場限りのかかわりの時は、そつなく、型通りの大きい礼儀で接する。大人はちゃんとその場に応じての使い分けをしているものだ。

ところが、子どもたちには、毎日通っている園の担任の先生にも、きちんと型にはまった、同じ礼儀正しいあいさつをするように求める。食事の時には毎回同じ言葉の唱え

文句で、感謝の気持ちを言わせる。

ＴＰＯはどうなったのだろう。おそらく、先生たちは礼儀や躾はくり返しで覚えていくものと思い込んでいるのだろうか？　しかし、それでは子どもたちに状況判断する力が育たない。子どもはもっと賢いものだ。先生が思っている以上にいろいろなことを知っている。相手も選ぶ。場所の違いも理解している。状況の把握もできるようになる。先生は指示待ちの型通りの子どもをつくるのではなく、その場に応じた判断のできる子どもを育てなければならない。

扱いにくい子ども

「自主性を育てる」「自分で判断できる子ども」という保育目標は、多くの園の職員室で見ることができ、数多くの研究発表も聞いた。先生たちは子どもを育てる目標としてそれらをよくご存知だ。しかし、実際はそういったのびのびとした子育てをしている園を見ることのほうが少ないのが現実だ。目標を掲げ、わかっていることなのに、先生は

何故、そういう子育てをしないのだろうか。答えは簡単だ。自分で考え、自分で判断する子どもは、先生にとっては扱いにくいからだ。

自主性があって、意欲的で、自立した子どもが、先生の言うことにスッポリとはまることはまずありえない。しかし、それではクラスをまとめ、とりしきることに一生懸命になっている先生の邪魔になる。先生は何といっても、「言うことを聞くやりやすい子ども」が好きなのだ。笛の合図で素早く二列に並ぶ子どもたちは、先生たちの理想の子どもなのだ。

ちょっと観方を変えてみよう

まず、小さな子どもたちが二列にきちんと並べるということは大変なことだ。子どもはなかなかうまく並んではくれないものだ。私もそういった経験があるのでよくわかる。しかし、それがあたりまえだ。子どもの発達からして、そんな器用なことは簡単にはできない。それに、子どもにそんな興味もない。

二列に並ぶことは、一〇歳にもなれば状況に応じて自分からすぐにできるようになるものだ。今無理をして教え込むことではない。先生の子ども管理の面から考えると、二列に並んでくれるとありがたいのだが、これでは子どもの自主性が育たない。

次に、一斉に唱え文句のように感謝の気持ちを言わせるのも、礼儀とか躾とはちょっと違う。ＴＰＯをわきまえて、今どうするのか、この相手に何を言うのか、という状況に応じた言葉とか態度を教えることこそ意味がある。そうでなくて、自発的な判断力が育つわけがない。

先生は忍耐して工夫しよう

子どもの自主性を伸ばし、判断する力を育てると、先生の決めた型がくずれやすいことは私もよくわかっている。「クラスの収拾がつかない」と嘆く先生たちの悩みもよくわかる。でも、子どもというのはそういうものなのだ。本当の意味できちんと育てると、なかなか先生の言う通りにならないものだ。

自主性があって、意欲的で、自分で判断できる子どもは、笛の合図ひとつで瞬時に見事に二列に並ぶことはなかなか難しい、それでいて、バラバラになって自分の場所を決めるのは全然むづかしくない。

ダンスを教わった後、再びきちんと並んで一斉に唱え文句のお礼の合唱はしない。てんでに駆け寄ってきて「楽しかった」「おもしろかった」「あそこがむつかしい」「ぼくはできた」「今度いつくるの？」と、思い思いに気持ちを話してくる。それが全部、一人ひとりの感謝の言葉と同じ意味だ、と私は思う。

先生はもう少しリラックスしてはどうだろう。子どもたちをこう育てなければという使命感が強すぎるのだろう。なかなか子育ては思い通りにはならない。相手にも言い分がある。子どもに寄って行って言い分を聞く余裕が欲しい。

子どもは自分で判断できるようになると、状況に応じての適応力が身についてくる。「ここではこうしなければ」「こういう時はこうする」と、子どもは自分で答えを出すことができる。こうなれば安心だ。しかし、先生が型にはめる指導では、自分で答えを出すことができない。いつも先生の指示を待ち、顔色をうかがって、落ち着きのない子どもに育ってしまう。先生が忍耐して工夫する力量が試されている。

保育目標に問題あり(2)

＊誰とでも仲良く？
＊選ぶことで成長する
＊選べない
＊自分勝手はだめ！
＊心の内で起きること
＊できっこない
＊考えてみよう
＊選べる能力
＊とりつくろいもだめ！

誰とでも仲良く？

新学期が始まって、子どもたちが集まってきた。新入園児が増えてにぎやかなことだ。子どもたちを前にして、園長先生や担任の先生はこう言う。

「友だちがたくさん増えましたね。誰とでも仲良くあそべる子どもになりましょう」

家庭に配られるおたよりにも、今月の目標として、「誰とでも仲良くして、たくさん友だちをつくりましょう」と書いてある。親は自分の子どもに、「誰にもやさしく、たくさん友だちができる」ことを望む。

ところが、実際はそんなにうまく友だちはできない。子どもが三歳くらいまでは、一人あそびで、先生を中心にして動いているし、四歳になると、好きな友だちはできるものの、けっこうこだわりが強くて、友だちの輪はなかなか広がらないものだ。五歳前後は、友だちどうしや、小さなグループのいざこざが多くなって、トラブルはつきもの。「いじめた、いじめられた」と親からの心配や苦情も、この頃に集中する。

新学期だからといって、子どもの発達がそこで突然変わるわけではない。あたりまえのように、目標として設定される「誰とでも仲良くあそべる」ということは、本当に、子どもにとって、教育の課題として、いつでも、どこでも意味のあることなのだろうか？

できっこない

結論から言えば、「誰とでも仲良くする」なんてできっこない。人間の心はそういうことができないようになっている。できないから、また、自分らしくということが可能になる。

八方美人という言葉がある。あまり良いようには使われない。誰にでもいい顔する人はけっこう敬遠されるものだ。「一体、何を考えているのか、本音がわからない」と。しかし、表面的には社会性の豊かな人付き合いのよい人と評価されることもある。

保育園の先生が、誰にでも適当にいい顔をするという意味で、「仲良くしましょう」と言うのではないことはよくわかる。でも、結果的には、そういうこと（八方美人）を教えていることにもなる。「誰とでも仲良くする」と、自分らしさは出せない。好き嫌いも言えない。本音は隠しておく。それでは、より深い人間関係は経験できなくなってしまう。子どもをそんなふうに育てようとは、誰も思わないだろう。

選ぶことで成長する

「誰とでも仲良く」という保育目標、そもそもこれがおかしい。人間の自我は、選ぶことで、成長・発達していく。選ぶ力が個性を育てる。違いがわかることが、多様性を求めるようにもなる。

子どもの自我が発達して、選ぶ力がついてくると、どうしても、発展性のある偏りが生じる。あたりまえのことだが、「誰とでも……」では承知できなくなる。自分を生かすために、共感して、心情を理解するために、相手を選ぶようになる。簡単に言えば、選ぶことができるようになってはじめて心の成長が見られる。選ぶことのできない子どもは幼い。保護の対象のままの状態だ。

考えてみよう

「選ぶ」という自我の発達を、次の事例で考えてみよう。

二歳と五歳の兄弟がいる。どちらも犬が大好きだ。たまたま、近所の犬が連れられてあそびに来た。犬とたわむれ、二人ともあそんでいる。そのうち二歳の子が、庭の隅っこに落ちていた木切れを拾って、犬を追いかけはじめた。

「犬を棒でたたいてはいけません」

と、こちらから注意をする。

気がついて、「そうだ、たたいてはいけないんだ」と思って、その場で、手に持った棒をじっと見ている。しばらくして、その棒を見つけた庭の隅っこにトコトコと戻しに行った。そんなのんきなことをしているから、その間に犬は帰って行ってしまった。棒を元あったところに返して、「さぁ、もう一回犬とあそぼう」と振り返った時は、もう犬はいない。がっかりした顔で、いつまでも門のところに立っている。

一方、五歳の兄も同じように犬とたわむれている。やがて、庭の隅っこに落ちていた木切れで、犬を追いかけはじめた。

「犬を棒で追いかけてはいけません」

と注意する。

すると、「あっそうか」としばらく棒を見ていて、あっさりとその棒をポイと捨てると、また、犬とあそび始めた。たっぷりと犬とあそんで、「バイバイ、またね」と犬を見送った。

選べない

この兄弟の違いは何だろう。

二歳の弟には、まだ「選ぶ」力が十分に備わっていないのだ。そういう自我の育ちなのだ。だから、注意されて、気がついて、棒を元に戻しに行く。この元に戻すのは、二歳児特有の秩序感だ。「あるべきものが、あるところにある」という大切な資質だ。大人が育ててあげたい、重要なこの時期の課題になる。秩序感が育っている子どもと、育っていない子どもとでは、このあと学習能力に大きな差が出てくる。

しかし、この子どもは自分の今の課題（秩序感）に心がとらわれているから、選ぶという力はまだ未成熟だ。そこで、心の命ずるままにトコトコと木切れを返しに行って、結局、大好きな犬とはあそべなくてがっかりしている。

選べる能力

五歳の兄は弟より「選ぶ」力が育っている。それに比例して、秩序感には必ずしもこだわらなくなっている。状況に応じて、何が一番大切かを考えられるようになっているのだ。

注意されて「さてどうしよう」と考えて、状況を見て選んだのが「犬ともっとあそぶ」ということだ。木切れを元に戻すという秩序感は、「犬とあそびたい」という自分の欲求と比較されて選ばれなかった。そこで、ポイッと何気なく木切れを捨てて、犬とあそび始める。ほんの五秒ほどの間に子どもの心は大きな葛藤を経て、そして、自分で選ぶという能力がそれをとりしきったことになる。

「選ぶ」というのは、すばらしい、成長するための力なのだ。そのことで、自分らしさや、自分のしたいことをする、前向きな主体性が可能になる。「選ぶ」力の乏しい子どもはしたいことも十分にできず、ストレスがとてもたまりやすくなる。

「誰とでも仲良くする」という目標は、自我が選ぶことで成長していくということから考えると、矛盾しているということがおわかりいただけるだろうか。

「誰とでも……」というのは子どもの心の停滞を求めているのであって、育てる目的からは外れている。

自分勝手はだめ！

保育目標として、「誰とでも仲良くする」ということが駄目というなら、それじゃ、子どもたちは好き勝手にしたいことをして、好きな友だちとばかりあそんで、嫌いな子どもとは交わらない。これでは社会性が育たないんじゃないですか。子どもの社会性を育てるために、いろいろな人間関係を経験する。そのためには、誰とでも仲良くすることを教えることは必要でしょう……、と反論される先生がいるだろう。

おっしゃる通りだ。私もそう思う。でも、ちょっと考えてみてほしい。いつも、議論はここまでで終わっている。ここまでならどの先生もご存じだ。みんな勉強してよく知っていることだ。社会性などの背景があって、「誰とでも……」という保育目標が生まれてきたのだから。しかも最近は、「いじめ」の問題が注目されているから、すぐにこの目標が出てくる。

しかし、このままでは、何一つ結果は変わらない。目標達

夜のグループ懇談会

成のための本質的な変化は生まれない。同じことのくり返しになる。もっと子ども理解をすすめることで、このみんなよくわかっていることから、もう一歩踏み出す工夫が必要なのだ。

とりつくろいもだめ！

「誰とでも仲良く」なんて大人にもできないことを、子どもに教育だからと求める。実際、大人のあなたはできるだろうか?。私はできない。とりつくろいはできるが、「本音は?」と聞かれると自信ない。自我は死ぬまで拡大する傾向を持つ。「選ぶ」ということで、自分らしさに磨きをかけるということは終わらない。誰にも簡単にはできないことを子どもに求めている。でも、その必要性、教育的意義はよくわかる。ここをもっと考えてみよう。

「誰とでも仲良く」ということを、最初の目標に置くのでなく、結果、そうなると考えたらどうだろう。そうすると、どんなことの結果そうなるのか、そこで何をしたのかが重要になってくる。

たとえば、「仲間作り」のためのカリキュラムをいくつご存じだろう。私はいっぱい知っている。しかし、それでもやっぱりうまくいかない。いくら積み重ねてもボロボロくずれて、先生の前では仲良く「仲間だ」なんて顔をしているのだが、子どもだけのかかわりになると、思わぬことが次から次へと起こってくる。みんな本音を隠したまま、とりつくろいを先生から教わっていることになる。問題は形ではないということ。

目に見える方法からは殆ど何も生まれない（いや、とりつくろいは生まれるが）。仲間作りのカリキュラムに、何ほどの効果があるだろう。

心の内で起きること

三歳のA君がいる。ずーっと一人あそびで満足していたのだが、三歳半になって、たまたま同じ積木あそびをしていたB君と仲良くなった。それから急接近。何をするのも一緒で、楽しい毎日。あそぶのは勿論、給食も一緒、先生の話を聞く時は隣合わせ、トイレに行く時も一緒。朝は、相手が来るのをじっと待って、顔を見るとうれしくてしようがない。二人でいればハッピーで、他の友だちはいらない。

そのまま半年ほど経った。四歳を過ぎると、あそびもダイナミックになってくる。園庭でのドロケイやボール当てなど、少しルールのあるあそびも増えてきた。そんな頃になっても、相変わらず仲良しの二人だ。しかし、「ドロケイ」をする時には二人ではつまらない。そこで、「もっと呼んでこようか」と他の友だちを呼びに行く。ボール当てをする時も、他の子どもが「これじゃー、足りん。もっといないと」と言うと、「ヨッシャー」と一番に仲間を探しにかけ出して行くのはA君だ。そして、たくさん集まってきたところで、にぎやかにゲームが始まる。そのうち気の合う仲間が増えてきたのか、B君とは相変わらず仲良しだが、今までのように全く二人だけということは少なくなった。いつも何人かの子とあそんでいて、しかも、そのメンバーはあそびによって、顔ぶれも違うようだ。

「A君って、誰とでもあそべる子ね」と先生も安心して見ていられる。三歳の頃から一年経って、けっこういろんな子どもとあそべるようになったA君だが、それは結果そうなったのだ。その間に彼の内面ではどんなことが起きたのだろう。この彼の内なる変化をもたらしたものに、とりつくろいでない本当の仲間作りに、私たちに教えてくれるヒントがありそうだ。

彼は、友だちをいっぱい作るために努力をしてきたわけではない。先生や親の期待に応えるために友だちを増やそうとしたわけでもない。ただ、たまたま出会った気の合う一人の子どもとずーっと一緒にあそんでいただけだ。なぜなら、その子と一緒にいるとうれしかったからだ。何か一人の時より勇気も出てくるし、同じあそびをしてもおもしろい。うれしいこと、悲しいこと、驚いたこと、びっくりしたこと、そんなことを共感できる相手がいるということは、こんなにすばらしいことなのだ。見るもの、聞くものが、それまでとは全然違ってくる。その子と一緒にいると、「あぁ、友だちっていいなぁ！」と本当にしみじみ思えるのだ。

大切なのはこれだ。「あぁ、友だちっていいなぁ」と思えること。胸の中にズンとそういう気持ちが生まれたら、もうこの子の友だち作りは、先生がどんなカリキュラムを仕掛けるよりうまくいったことになる。逆にいえば、こんな気持ちが生まれてこなければ、何をやっても表面的なきれいごとの友だち関係しか育たないということだ。私たちは一人ひとりの子どもに、こんな確かな気持ちの教育をしているだろうか。このことの是非が人間関係の様々な問題を引き起こすことにつながっていると考えられる。集団の形を整えることばかりにまぎれないで、たったひとことで表現できる、ほんの小さな気持ちのありようをもっと考えるべきだろう。

「誰とでも仲良くする」という目標が間違っているわけではない。教育的意義もある。しかし、子ども理解が中途半端。そして、実生活に適用されていない。まだまだ、先生が子どもに教えるという一方通行の教育方法に、先生自身がしばられている気がする。

いい保育とは(1)

幼稚園が変わる

幼稚園が変わりつつある。

平成十二年から新しい教育要領が実施される。二年保育から三年保育へ取り組む園が市町村で目立ちはじめた。少子化の時代に保育時間に制限がある（原則四時間）とはいえ、幼稚園の三年化はますます子どもが減るのではと、保育園はあまりいい気はしていない。

そんな流れを見越して、子どもをより多く取り込むためにと、各保育業者の営業も活発だ。他の園との違いをいかにアピールするかと、建物の装飾、送迎バスのデザイン、園の案内の作製、そして、もっとも多いのがおけいこごとへの勧誘だ。私の園にも毎日のようにダイレクトメールや営業の人がやって来る。この項ではそのおけいこごとをテーマで取り上げる。

学校は甘くない

いくつかのダイレクトメールの中に、文字や数のおけいこ教室の案内があった。中を開くと次のような説得力のある文章が書かれている。

> 小学校入学までに、自分の名前が書ける。これはあくまで、学校生活上の基準であって、一つひとつの教科で考えれば、決して十分ではありません。実際、今の一年生の国語や算数の教科書を見てみると、そのことはすぐにわかります。

こんなふうに説明されると、「なるほどー」と思えてしまう。保育園や幼稚園の学校ごっこがますます過熱するのもよくわかる。しかも、それを後押しするように、保護者からは、

① 家で文字や数をどのように教えたらよいかわからない。
② 家庭では教える時間が充分にとれない。

と、声が上がって、おけいこ教室に取り組む園はますます意を強くする。

子どもはやってる

確かに、学校の進度は早い。覚える漢字の数は増える一方、低学年で生活科はあっても、三年生になって理科・社会になると、実際に確かめることなしに覚えるだけの知識の量はうんと増える。興味のあるなしにかかわらず、砂を噛むような味気のない暗記の勉強が続くわけだ。子どもたちは生まれてからずーっと、そういう環境の中にいるから、こんなものだと思っているのだろう。多くの子どもが文句も言わず、それらをやりきろうとする。本当に子どもってたいしたものだと思う。

それでも、中には従わなかったり、文句を言ったり、適応できなかったりする子どもが何割かいる。この子どもたちの問題行動も、最近では少しは「意味があるのかな?」と受け止められるようになったが、まだまだ多くは、「皆ができていることを、どうしてあなたはできないの」というひとことで切り捨てられてしまっている。

本当はえらくない

幼児の文字や数のおけいこ教室の中で、子どもは与えられたことを何とかやりきってしまう。えらいなぁ、すごいなぁと先生も親もその成果に満足する。でも本当は、えらくもなく、すごくもない。意外なようだが、字を覚える、数が読めるというのは、子どもにとってそれほどむつかしいことではない。幼稚園の教室で開発された新式の教材で成果が上がったとしても、驚くほどのことはないのだ。

それは何故かというと、ひとことで言うならば、子どもが覚えること、「知識」というのは記号と同じ。記号というのは変化しない。「三」という数字はいつでも、どこでも「三」となる。今日は「三」で次の日は「五」になるということはない。一度覚えたらいつでも同じで変化をしない。そのことが、子どもにとっては興味を持ち、「できる」ことの秘密なのだ。

マニュアルはうまい

子どもの心はくり返しを好み、元に戻るというパターンで安心する。たとえば、人見知りは違うパターンを拒否する一つの傾向。子どもは同じものをなぞる、くり返すということに喜びを感じる。それを積極的に受け入れようとする性向を持っている。しかも、おけいこ教室では、覚えること、正しく言うことで、ほめてもらえる。すると、自信が生まれる。ほめてもらって自信になれば、当然、興味も続く。

「ほめること」「自信を持たせること」は、どの教材にも最初に書いてあるマニュアルだ。そういう意味では、教材を開発する会社は、子どものある心の部分を上手に利用して、うまいなぁと思う。

マニュアルといえば、その中に必ずもう一つ、親や先生をくすぐる言葉が含まれている。「あそびながら学ぶ」というひとことだ。これは楽しみながらという意味だろうか？　教材の中に色や形で、子どもの興味を引き出すような工夫や仕掛けがしてあるのだ。しかし、あそびながら……というのはちょっと違うと思う。もともと、子どものあそびというのはそういうものではない。ここで使われている、あそびながら……というのは、「知識の学習」という固いイメージをやわらげるために便宜上使ってあるだけで、子どもの本来の総合的な発達を促す「あそび」の意味ではない。「あそびながら文字を覚える」なんて都合のいい話はない。

本当にむつかしいこと

文字や数は変化することのない記号なので、くり返しを好む子どもにとっては覚えやすい、興味を持ちやすいものだと説明してきた。

それでは、子どもにとって、苦手なもの、むつかしいものって何だろう。ちょっと意地悪な見方かもしれないが、おそらく、それは指導しにくいこと、教材になりにくいこと、そして、結果がすぐにでないということで、あまりとり上げられないだろう。おけいこ教室の案内にはそれらのことはふれられていない。でも、むしろそれのほうが子どもにとっては本当に必要なのではと、私は考えている。

子どもにとってむつかしいこととはくり返しがなく、いつも同じでないこと。元に戻るパターンでなく、状況に応じて少しずつ変化することを理解する。そして、それを相手に伝えられるような表現を工夫することだ。

人の気持ち

人の気持ちってわかりにくい。でも、これがわからないと人間関係はうまくいかない。人間は他人の気持ちがよめるというようには進化してこなかった。そのかわり、自分の行為の理由と、その結果を経験して理解することによって、他人を洞察することができる能力を発達させてきた。

相手の前に座って、ピタリと心をよみとることはできなくても、人間は自分の心を通して、人の心をよみとることができるというわけだ。ただし、それには自分自身が多様な経験をすることが不可欠だ。多くの社会的な経験、人とのふれあいが、人の気持ちを理解する助けになる。やっかいなことに、人間関係の答えは一つではない。相手によって変化し、それを受入れ、すばやく反応する、適応性が求められる。子どもたちに人間関係の知恵をどうやったら伝えることができるだろう。

事例をいっぱい集めて、テキストでこういう時はこうする、この場合はこうすると、教えることができるだろうか。

これがなかなかむつかしい。子どもを取り巻く社会的な事件が起こる度に、「今の子どもは……」と、子どもの心の荒廃を嘆く声が聞こえる。そこであわてて、「自分のしてほしいことを相手にもしてあげよう」なんて唱え文句で、子どもにやさしさ、思いやりを教えようとする。しかし、とてもこんなことくらいで人の気持ちを理解するという大きなテーマが解決するとは思えない。

気持ちのわかる子ども

それでは、相手の気持ちのわかる子どもはどうやって育てたらいいのだろう。

まず先生。子どもが問題行動を起こした時、道徳的なマニュアル用語を振り回すのでなく、「変だ」「何故?」と思える感性がなければならない。いきなり、道徳心や倫理感を持ち出す先生は、子どもに教えることはできない。子どもは相手の気持ちを考えるというより、「先生の気にいる答」を覚えることに一生懸命になってしまう。

人間理解のキーポイントは、「自分の行為と結果を理解する能力により、相手を洞察する」ことだから、先生自身に多様な社会経験も必要となる。経験の未熟な先生は自分自身のことも不明なんだから。

次には、子どもどうしの豊かなかかわりが用意されていることだ。しかも、時間も内容も細切れでなく、たっぷりと必要だ。毎日の保育の中で、お勉強の合間の子どもたちの自由あそびの時間ぐらいの設定で多様な人間関係を経験するなんて、とても無理だ。むしろ、逆で子どもたちの自由なかかわりの合間に、ちょっとだけお勉強の時間をとるということだ。

ちょっとずつ違う

まだまだこんなことくらいでは、「人の気持ちのわかる子ども」を育てるのは無理だろう。そこで、子どもにとってむつかしいことを具体的に考えてみる。

「今日は晴れ」とテレビで天気予報が言っている。子どもたちは「晴れ」だよ、いっぱいあそべると喜んでいる。でも、「晴れ」という天気の表現だけでは正確ではない。今日の「晴れ」と、みんなの知っている「晴れ」という意味は全く同じではないからだ。「雨が降る」と言っても、やはり、昨日と今日の降り方は違う。自然というものはそういうものだ。

子どもが、自然現象（たとえば雷など）を恐れるのはこのためだ。きちんと説明されても、何回経験しても、なかなか自分の知っていることとピタッとこない。毎回少しずつ異なる。一つや二つの言葉でうまく表現できない。伝えられない。理解できない。こうなると、知識の世界だけでは答が見つからない。くり返しの経験をもとにして磨いた感性で知恵を働かせるしかない。

イメージする力

知恵とは、ある意味ではより的確にイメージする力のことだ。覚えた知識だけではイメージすることはできない。経験がイメージを生み出す。言葉や文字や数は、イメージしたことが心に定着する助けとなる役割を持っているにすぎない。幼児期に学習することは、この経験を通してイメージする力を養うということだ。言葉や文字や数は、そのあとからくっついてくるものなのだ。逆に、知識から出発すると一つの概念にしばられて、柔軟性をなくすことになりかねない。

いい保育とは

こう考えてくると、人間関係や変化することを教えるというのが教材になりにくいわけがわかってもらえるだろうか。テキストと方法が確立されていて、ちょっと訓練を受けたら、どんな先生でも指導ができるというのとは違う。また、教室で子どもを集めて一定の時間を設定してお勉強するというわけにもいかない。もっと幅広く、多様に、ダイナミックに、しかも、人間としての経験を積んだ力量のある先生が求められる。それでいて、うまくいくかどうか、成果が上がるかどうかはわからない。結果は何年も先に出る。こんな非生産的で無駄の多い子育てに積極的に取り組む保育業者はまずいないだろう。

しかし、人間教育としての幼児期の育て方を考える時、この大きな無駄をコツコツと実践することこそ、各園に求められていることではないかと思う。

園児数の減少をくいとめるためにの方法がとりざたされる時、いつも、「いい保育をすれば子どもは集まる」と言われる。その「いい保育」とは、「大きな無駄をコツコツ」の中から生まれてくる。さてそれがわかって、具体的にどうするか、何をすることが「大きな無駄」になり、それが「いい保育」と認められるのか、次項でこのことを考える。

いい保育とは(2)

＊これだけは……
＊連絡帳はあなどれない
＊お世話だけではない
＊ねらい
＊困る連絡帳の内容
＊一緒に考えよう

この項では、「いい保育」の続きを考える。

そうはいうものの、「これがいい保育です」なんて、胸をはって説明するのは何となく変だし、そんなことはできるはずもない。やはり、「無駄に見えることを、コツコツ積み重ねる」ということから、筋道をたどって考えたいと思う。

ちょうど、一〇月の後半だっただろうか、講演会のあと、公立の保育園の園長先生たちと話していて、行事の話題になった。「日常の保育とつながりのある行事」「子どもの成長を共に喜び合えるような行事」にしようということで、ある公立園で、今年の運動会は今までにないものをと考えてみたそうだ。「昨年と同じようにする」というマンネリから抜け出して、新しいものを作り出そうと先生たちも息込んで工夫した。結果、親子競技を中心として、皆で参加する運動会になったそうだ。

保護者からは、「子どもたちと一緒に走って楽しかった」「子どもの体力が想像以上だったので驚いた」と、おおむね好評だった。その一方で、遠方から楽しみにしてやってきたおじいちゃん・おばあちゃんには、孫の競って走る姿がいまひとつはっきり見えず、ちょっと不満も残った。また、派手な道具を使って賑やかに盛り上がる演技がなかったので、ビデオをかまえたお父さんにはなんとなくダラダラとした運動会にも見えたようだ。

なかなかむつかしいものだ。あちらを考えればこちらに不満が残る。こちらが楽しいとあちらが寂しくなる。その中で、本当に子どもたちや親にとって、意味のある行事って何だろう。どんなことができるだろう。

これだけは……

「いい保育」をわかりやすくするために、行事の話からはじめる。まず、行事の方法を考える前に、これだけは……というねらいをはっきりとさせておこう。

1．子どもを見せ物にしない

このことは、絶対にゆずれない。子どもに短期間に何かを教え込んで、それを親の前で披露するというスタイルは親の受けがよくても、とても、子どもたちにとって意味のあるものとは思えない。「こんなに子どもたちが成長しています」と見せつけられても、それは、道具、演出、素材の扱いで、上手くごまかしているだけで、それは教育ではない。

私は、保護者会の講演会に呼ばれると、よくこんな話をする。

行事でごまかしを仕掛ける園もどうかと思いますが、ごまかされる親にも責任があります。一人ひとりの子どもの表情を見て、きちんとその内身を見極めてほしいです。

2. 一発花火のような、その場限りという行事はダメ

準備期間がその日、その時のためだけというのは単なるイベントであって、やはり教育とは言えない。また、終わって、その瞬間から片付けだけが始まるという、足場解体のような後始末も困る。

先生たちはそのプロセスを通して、子どもたちにどんなことが育ったのかを検証して、次につなげるような総括を忘れてはいけない。

3. 見る側、見られる側のスタイルを変えよう

見る、見られるのスタイルを変えるとなると、思いつくのは参加する行事となる。親も子も一緒になって参加することで単に見るだけとは違った、全く新しい経験をすることができる。自分の子どもと手をつないで前方の旗を回ってくるだけで、お父さんたちは何かはずかしい、ドキドキした気分を経験することができるものだ。

これは、子どもの成長をともに喜び合うということで、とても意味のあることだ。

ところが、参加型はメリハリかはっきりしにくい。それで、やる人は楽しいけれど、どうしても参加することができない人たち（たとえば、普段馴染のないおじいちゃん・おばあちゃんなど）がおいてきぼりになって、寂

しい思いをするということがある。これを解決しなければならない。

以上の三つのねらいを、まずよく確認しておこう。

ねらい

ところで、先生たちの設定したねらいや目標を実現するだけでは、皆が満足できるような行事にはならない。行事は日頃の保育の延長にあるものだ。行事だけ先走って立派なねらいを設定しても、「今年は、保育園は楽しい行事にむつかしいことを言うね」ぐらいにしか聞いてもらえない。行事にはっきりと目標を持つのであれば、日頃の保育の中での先生たちの子どもの育て方に関してのねらいもはっきりとさせておかねばならない。それは、標語として職員室に掲げるというものではなく、もっと細かく、毎日の生活の中で、親とのコミュニケーションに意識的に生かされるものだ。

① 普段の保育の中で、親とのコミュニケーションの仕方を工夫する。

② 一人の子どもを囲んで、先生と親の考え方などの調整。

そういったことが、行事でみんなが集まった時に大いに意味を持つ。皆が参加する。一人ひとりの成長を喜び合う。おじいちゃん・おばあちゃんもほのぼの楽しめる。そんな全体の雰囲気を作り出すために、毎日の保育の中で培われた親と先生の信頼関係はどうしても必要なものだ。また、逆に言えば、それがないと、ねらい通りの楽しい行事は、できないということになる。

連絡帳はあなどれない

日常の保育の中で試される、意識的なねらいを持った子育てとはどういうことだろう。また、親と先生、親と園の信頼関係を培うとはどうすればいいのだろう。

特別にむつかしいことではない。

たとえば、今日、みなさんのクラスの親からの連絡帳にはどんなことが書かれていただろう。簡単な確認事項だろうか。それとも、子どものお世話に対する苦情だろうか。また、子どもの友だち関係での悩み、子育て相談だろうか。

親とのコミュニケーションの最前線ともいえる、この連絡帳の扱い方は重要だ。その中でも、子育ての悩み、相談は、お互い寄り合っていくコミュニケーションなので、まだ意義がわかりやすい。

ところが、先生たちが一番対応に困るのは、子どものお世話に対する苦情の処理だろう。これは、対応を一つ間違えると、信頼関係もおかしくなってしまう。園や先生に対する基本的な信頼関係がなくなると、もう何をやっても上手くいかない。毎日の小さな連絡帳でのやりとりでの出来事が積み重なると、園の一番大切な目標実現の足を引っ張ることになってしまうこともある。この日常的な細かい仕事は決してあなどれない。

困る連絡帳の内容

先生の困る連絡帳の実例を、次にいくつか挙げる。

【連絡帳1】

子どもが、オシッコでぬれたまま帰ってきました。園ではこんなこともしてもらえないのですか？　きちんと替えてやって下さい。

【連絡帳2】

薬を持たせますから、一日二回飲ませてやって下さい。体には塗り薬を一日三回、丁寧に塗って下さい。

【連絡帳3】

子どもが「今日ぼくだけ給食を食べなかった」と言っています。どういうことでしょう？　うちの子どもだけ面倒を見てもらっていないのでしょうか！

【連絡帳4】

「○○君がいじわるする」と帰って言います。園でいじめに対する指導を徹底して下さい。

【連絡帳5】

手に歯形が残っています。誰にかまれたのでしょう。その子にあやまらせて下さい。先生はちゃんと見てくれているんですか。

【連絡帳6】

子どもが「持っていったオモチャをとられた」と泣いています。誰がとったのですか。探して明日返して下さい。

お世話だけではない

どの親も自分の子どもが可愛いいし、気になるものだ。家庭から離れて母親の見ていないところで、どうしているのか心配なのもわかる。でも、保育園の先生たちは、母親に替わってひたすら子どものお世話をするだけが仕事ではない。最初にこのことははっきりさせておこう。母親が自分のお世話と同じことを先生に求めるというのでは、子どもはいつまでたっても自分で一人立ちできない。

また、集団の中で他の子どものやり方を見て覚えて、真似て、自分の力でやろうとする。そういう力を伸ばすような教育をするのが先生の仕事だ。勿論、まだまだ自分でできないことの多い年齢だから、先生は時と場合に応じて、積極的に手を貸し、手伝いをし、子どものお世話をする。

しかし、そのお世話とは、「子どもが不自由しないように。子どもが不快でないように」というだけでなく、

「子どもが一人でできるようになる」という、きちんとした大きな目標を持ったお世話なのだ。

一緒に考えよう

行事の見直しからはじまったのに、話が毎日の保育の中の保護者とのかかわりになってきたので、変に思われる読者もあるだろう。しかし、最初にあげた行事での三つの目標を達成するための下地作りのために、これだけはどうしてもやっておかねばならない。

目に見えないところで、一本、線がずーっとつながっていると想像してみよう。その見えない線をたどっていくと、一つの行事のスタイルがおのずと見えてくる。ここはしばらく辛抱してほしい。

連絡帳に戻るが、一緒に作り上げる、皆で参加する行事と目標に挙げたわけだから、その基本となる子育ても一緒に考え、作り上げていくものでありたい。それであるならば、先程の連絡帳の内容を、それをそのままで聞くことはできない。「親の言うことだから……」と全てを引き受けて、「わかりました、これから気をつけます」と返事することは簡単だが、それでは何も変わらない。ひたすら親の望むことをしてあげるのが一番簡単で早いのだが、ここは丁寧に一緒に考える場とする努力をしよう。

次に、一つずつその内容について考える。その前に確認するが、それぞれのクラス担任にこのような連絡帳がきた時、担任が自分一人で安易な返事、その場しのぎの返事を書いて返却してはいけない。同僚・主任・園長に相談して、どのように考え、どのように返事するのかを一緒に考えよう。

園の中で一緒に考える。そういうシステムが大切だ。全てを担任が一人でこなしていると、このような日常的な小さなことは一貫性が持ちにくくなる。担任によって返事の仕方が異なると厄介だ。それは、親の先生の好き嫌いにつながるし、園に対する不信感にもなりかねない。園の基本的な方針を、保護者にいつでも、どこでも、きちんと示す必要からも、園の中での体制作りは大切なことなのだ。

【連絡帳1の「子どもが、オシッコでぬれたままかえって来た〜」について】

連絡帳の内容に答える私は、先生側でも親の立場でもない。できるだけ中間の位置にいて、両方の気持ちを大切にして、それでもきちんと、次につながるような考え方や手当ての方法を次に述べる。

皆さんも一緒に考えてみてほしい。

いきなり先生の弁護をするわけではないのですが、小さな子ども、排泄とか食事には、先生はとても気を使っています。オシッコでぬれたまま放っておいて降園させたということは考えにくいです。それでもぬれて帰ってきたとするなら、それは着替えをさせたあと、降園までの時間か？　バス通園ならばバスに乗っている間なのか？　先生がなかなか気づかない時間だと考えられます。もちろん、「オシッコでぬれたまま」というのが何日も続くようであれば先生に話してみる必要があります。子どもの排泄のリズムなどを先生が把握していないこともあります。冬などは、オシッコでぬらしたままにしていて膀胱炎になる可能性もありますから、先生に話して気を付けてもらうということは大切です。しかし、くれぐれも先生の怠慢とかお世話の手を抜いているというわけではありません。先生の事情も尋ねてみて下さい。そして、「あらら、そうですか。うっかり時間があったんですね」と明るく対処してもらいましょう。

【連絡帳2「薬を持たせますから〜」について】

薬は飲み薬にしても、塗り薬にしても、管理するのは大変な仕事です。先生はとてもたくさんの子どもの仕事を毎日こなしています。「薬ぐらい……」と思われるでしょうが、薬はけっこうデリケートなもので、先生も気をつかいます。特に、飲み薬は地域によっては水道水というわけにもいかないので、湯冷ましを作ったり、ペットボトルの自然水を用意したりしなければなりません。粉薬を飲めない子どももいますので工夫も必要です。日常的に薬を服用する病気を持った子どもの場合は生活に組み込まれていますので、かえってわかりやすく、与えやすいということがあります。しかし、そうでない場合はうっかり飲ませるのを忘れたり、時間がずれたりすることが起こります。どうしても必要な場合はやむを得ないとしても、薬を服用させるのは先生にはけっこうプレッシャーになると覚えておいて下さい。

【連絡帳3「うちの子どもだけ給食を食べていない〜」について】

新学期の頃に、こういう苦情の電話が鳴ることがありますが、まずこんなことはありません。ちょっと想像してみて下さい。初めて行った保育園で戸惑って、不安で、そこにいるだけで一生懸命の子どもが、「よその家のごはん」（園の給食のこと）を一人ではなかなか食べられないものです。給食がプレッシャーになる子どもはけっこういるものなのです。子どもの中には、給食の部屋に入ることさえ嫌がって泣いてしまうことさえあります。

先生は、この頃は子どもの気持ちをちょっとでも引き立てて、気分を楽しく、軽くしてやろうと努力しています。そこで、「こんなにがんばっているんだから、一日くらい無理に給食を食べさせなくてもいいか」と考え、

「食べられなかったら、残してもいいよ」とやさしく声をかけます。ところが、給食をほとんど食べないで家に帰ると、当然、お腹は空いていますから、おやつをいっぱいせがみます。お母さんが「おかしいな」と思って、しつこく何度も聞くと「ぼくだけ給食、食べなかった」と、子どもはそのことだけを話します。そこで最初に書いた苦情の電話になるわけです。

この場合は先生もちょっといけませんね。子どもが給食を食べなかった理由を前もってひとこと母親に伝えるべきでしょう。先にひとことあるのと、言われてから説明するのとでは、ずいぶん受け止め方が違ってきます。後で説明するのは「言いわけ」にしかなりません。「言いわけ」は不信感につながります。

「今日は、給食をとても泣いていやがったので、無理には食べさせませんでした。給食以外は楽しそうにされていましたよ。お腹が空いていると思いますので、お家に帰ったら何か食べさせてあげて下さい。できるだけ早く、給食がひとりで食べられるように助けていきますね」

こんなふうに先生から連絡があるとうれしいですね。子どもだけでなく、親の不安に対するひとことも、先生は工夫してみて下さい。

【連絡帳4「○○君がいじわるすると言います～」について】

いじめる、いじめられるということは、先生たちもかなり神経を使って目配りをしています。しかし、実際に、子どもどうしの世界でこんなことはけっこう起こります。ここは冷静に対処したいところです。

まず最初に、どんな場合でも「いじめられる子どもに問題はない」とはっきりさせておきましょう。先生の中には、「いじめる子は悪いけど、いじめられる子どもにもそれなりの問題がある」と言う人がいますが、これは大きな認識不足です。いじめられる側の問題は、その子どもの個別の発達の中で考えられるべき問題であって、そのことが、友だち関係の中でいじめられても仕方がないということには絶対なりません。それをしっかりとふまえた上で、それでも「うちの子どもがいじめられている……」と一方的に対処を求めるのは、ちょっと待って下さい。もう少しいろいろなことを確認したいと思います。

まず、実際にそういうことがあったかどうか？　その内容は？　それは日常的にくり返されているかどうか？　相手を特定できるか？　ひどくなっているか？　など、確認には手間がかかります。また、はっきりとしないことが多いのも事実です。それでも確認しておきたいのには、二つの理由があります。

一つは、子どもにきちんとした指導をするためです。どんなことでも、子どもにも言い分があるでしょう。それは聞いてやらねばなりません。また、見ていないこと、確かめていないことで、子どもにとやかく言うことはできません。ひょっとしたら、いじめた子どもにも意味のわかっていないこともあるかもしれません。相手の気持ちが理解できていなかったこともあるでしょう。やったことの善悪を決めつける前に、それらを確認したいですね。それが、子どもが納得できる指導につながります。

二つ目は、子どもにとって「いじめられる」という意味と、大人が「いじめられる」と聞く意味が違う場合があるからです。子どもの中には隣でケンカしている「バカ！」なんて勢いのある言葉を聞いただけで、おびえて、自分が責められているような気がしてしまうことがあります。また、「それはダメ」「あっち行って」「これはわたしの」「入れてやらない」と、子どもがあそびのに中でそれぞれのテリトリーを守ろうとして、やり合うことはけっこうあります。自分のあそびを持っている子は負けじと言い返しています。自分のあそびを持ちきれていない子はあっちへくっつきこっちへくっつきしていますから、その度に強い言葉を聞くことになってしまいます。「わたしはみんなに嫌われている」と家でお母さんに寂しそうに言うのはこういう時です。親は子どもから結果だけを聞くと心配になります。また、子どもは結果しか話してくれません。子どもの結果のひとことを聞きっぱしにしていると、親の不安はだんだんと大きくなってしまいます。

そこで、おおよそ確認ができたところで、先生からの事情の説明が必要です。これが重要な意味を持ちます。

この場合の説明も、先程と同じようにタイミングが必要です。親が子どもの話を聞くのと、先生の説明の時期があまりにも食い違うと、「先生はとりつくろっている」と逆に不信感になってしまいます。ちょっとしたタイミングのとり方ですが、間違えなければお互い嫌な思いをしなくてすみます。子どもは集団の中でいろいろなかかわりを経験します。それは、子どもの心の栄養みたいなものですから、大きなこと、小さなこと、あまり大人がいじくらないことです。ただ、昨今「子どものことだから」とすますことのできない事件・事故が起きているのも事実です。基本的な考え方をしっかり持って、コミュニケーションのタイミングを計り、親と先生で賢く子どもを守り育てる環境を作り出しましょう。

【連絡帳5「手に歯型が残っています〜」について】

これは本当に、子どもに痛い思いをさせて申し訳ないことです。先生は気が付いてすぐに冷やしますが、なかなか歯型が消えなかったので、お母さんもびっくりされたのでしょう。きちんと説明しなかった先生に言いわけはできません。中には、夜ふろに入ろうと服を脱がせると、背中に歯型がついているというケースもあります。次の日、やはり先生は親から叱られるのですが、なかなか気づかない場所はあるものです。

子どもの中には、自分の思いが通らないと相手にすぐ暴力をふるったり、ものを投げたり、かみついたり、ひっかいたりする子がいます。何回かくり返すうちに、「この子は危ないぞ！」と先生も気をつけますから注意しているのですが、かみついたりするのは「あっという間」ですから、なかなか止めるのはむつかしい。五〇センチもその子と離れていたら、気が付いても止めることはできません。子どものとびつくほうがうんと早い。気を配って、注意して、ずーっと見ていても、間に合わないことがあります。

かまれた子どもは本当にかわいそうです。すぐにかばって手当します。そして、親に事情を説明して勘弁してもらうしかありません。親の中には「うちの子がおとなしいので、こんなふうにやられるのでしょうか。いつもいじめられているのでは……」と心配される方もあります。これは違います。やった子どもが強くて、やられた子どもが弱いということはありません。むしろ、その逆だと思います。かみつく子ども、乱暴する子どものほうが心が弱いのです。

たとえば、「うちの子は、気が強いので、相手をたたいて、オモチャを取り上げてしまう」ということを聞くことがあります。気が強くて相手に乱暴するということはありません。それは、本当は気が強いのではなく、気が弱いのです。気が弱いという言葉がわかりにくければ、自分で自分の気持ちをコントロールできないという言い方もできます。がまんできないという言葉もありますが、これはピタッときません。やはり、もっと強い意味で「心が弱い」ということが当てはまります。

心が弱い子どもには助けが必要です。かまれた子どもの歯形にはすぐに冷やす手当てをしますが、かんだ子どもの心の手当ては複雑で厄介です。

そういう意味で、「かんだ子どもを教えて下さい。あやまらせて下さい」と強く言われると、先生は本当に困ってしまいます。かんだ子どもは悪いのですが、きびしく叱るだけでその場をあやまらせるだけでは決して解決しません。むしろひどくなることもあります。
先生たちが注意をして、子どもたちを守っている。なおかつ、かんだ子どものことも一生懸命考えて手助けしようとしている。それをわかってもらえたらとてもうれしいのですが、手に歯形が残ってしまった子どものお母さんに、それを求めるのは甘えすぎでしょうか。

【連絡帳6「オモチャを取られた〜」について】

個人の持ち物のオモチャを集団生活をする園に持っていくのはルール違反です。子どもどうしのことですから「ちょっと貸して」から「交換しよう」、そして「こっそりポケットへ」と、その物を見てしまうといろいろなことがそこに起こることは予想できます。だまって人の物を持って帰ったりするのはよくないことですが、その前に、その物がそこにあることも問題です。そこで、子どもが自分のオモチャを園に持って行こうとする場合は、次のように割り切って考えておきましょう。

① ひょっとして、なくなってしまう可能性があるので、本当に大切なものは持って行かないように、本人に言って聞かせる。

② 「どうしても持って行く」という子どもの中には、手の中の小さなオモチャが、保育園に一人で行く時の勇気の証しのような意味を持つ場合があります。何らかのオモチャを持っていることで安心できる。友だちとのコミュニケーションがそこから始まる。こういう時は、「オモチャを持って行ってはいけません」と簡単に取り上げることはできません。
とりあえず持たせますが、何故それを必要とするのかという原因を、担任の先生とよく相談したほうがいいで

しょう。よく話し合って、オモチャを持たなくても安心して、園に行ける環境を作ってあげて下さい。また同時に、オモチャに頼らない自立した心を育てることも忘れないように。

さて、ザーッとひととおり、事例を考えてきたが、こんなふうに、連絡帳だけでなく、バランスのとれた親とのコミュニケーションが、日常的に園の責任においてなされることが大切だ。そのことが、全体のまとまりを生み出し、先生たちの意図する目標やねらいが、保護者に浸透しやすくなる土壌を作ることにつながる。

さて次項は、いよいよ行事を作るわけだが、ここでは、地域的な特色や、園の特性が出るような行事について述べることはできない。むしろ、前途した、保護者の意識を変革する土壌作りを、もう一歩すすめるような日常的な行事の見直しをしてみることにする。

いい保育とは(3)

＊保育参観
＊ねらい
＊経験が足りない
＊保育参観を見直そう
＊先生の勉強
＊ルール違反だぞ！
＊親も先生も

保育参観

園の保護者会の講演会に呼ばれる時は、「保育参観のあと」ということが多い。そういう時は少し早めに到着して、保育参観の様子などを見せてもらったりするのは、私には楽しいことだ。

その日も私は、一〇時三〇分からの講演ということで、それまでの保育参観を見せてもらっていた。少し寒い日だったが、お母さんたちの中にお父さんもかなり見られる。最近、父親の参加が増えているのはうれしい。私は父母対象の講演会では、できるだけ具体的、身近な話題で話すように気をつけている。そういう時、お母さんたちの反応はとてもよく、話しやすい。ところが、お父さんたちは表情をあまり表にださないこともあるのだろうが、身近な問題にはちょっと反応が鈍い。そこで、子どもの友だちのことに、会社の人間関係などをちょこっとからめながら話す。するとたちまち、目の色が変わってきて「あぁ、通じているゾ」と、こちらにも手応えが返ってくる。まだまだお父さんは家族の一員というより、会社の一員としての存在だということだろうか。その日もお父さんたちも興味が続くようにと工夫しながら話した。

先生の勉強

講演会が終わって、昼食の後、職員研修を依頼されることも珍しくない。保護者に合わせて、いやそれ以上に職員の勉強も大切だ。夕方、電車の時間一杯まで研修会をすることもよくある。

先生たちは三〇人も集まっていただろうか。他の園からも希望者があって参加されていた。

私は最初に、「今日の保育参観の準備について聞かせて下さい」と、それぞれのクラスの先生に質問した。その時は初めて出会う先生がほとんどだから、みなさん講義を受けるつもりでノートを持って集まってきていた。ところがいきなり、今日の仕事について聞かれたわけだから、ちょっとビックリされた。

「ちょっと待ってよ。話を聞きに来たんだから。私たちが話すなんて聞いてないよ！」なんて具合だろうか。

でも、職員の研修は幼児教育一般についていろいろと話をするよりは、「今日、実際起こったこと」から始めるのが一番だ。共通に見て、聞いて、感じたことから掘り下げる。身近な子どもの問題でないと明日の保育の変化につながらない。明日変わらなければ本当の勉強ではない。「わかっているけど、実際にはできない」というのは、本当にはわかっていないこと。毎日の保育を変えることができるような力となる研修にこそ意義があると、私は考えている。

ねらい

全体の雰囲気のちょっとした反発を感じながら、それでも構わず、私は質問をしていった。

「今日は保育参観ですので、一応、子どもを集めたあと、何をするのかカリキュラムを作りました。保護者に見られるのは緊張しました」

「子どもが親の顔を見て、ちょっと騒がしくなると思ったので、最初に長い絵本をゆっくりと読みました」

「歌は、この日のために練習したのをみんなでうたいました。元気よく、しっかりとうたえたと思います」

「年少組に三〇分間の保育参観はちょっと長いので、子どもがあきてしまわないよう、いろいろな課題を準備しました」

「絵を描いたり、作業したりするのは、早い子、遅い子がいて、全体がザワザワするので、今日はそういうプログラムはしませんでした」

その他、いろいろと具体的に先生たちが準備した内容について聞くことができた。

「それで、今日のねらいは何ですか？」

と聞くと、
一人の年配の先生が、次のように説明してくれた。

「子どもの成長を保護者の方に見ていただくこと。特に、集団の中での生活の仕方、友だち関係はどうか。先生の話を聞いているか。指示が理解できて従えているか、などを見ていただけたらと思っています」

「そうですね。参観の時間を三〇分として、その中身に関しては今お聞きしたように、先生たちが各クラス毎に工夫されているのがよくわかりました。狙いの意味もわかります。それでは、保護者が保育参観に入る前には、どんな準備がされたでしょう。講演までに少し時間がありましたがその間は？　保育参観が終わってからは？」

ルール違反だぞ！

私は話を続けた。

「気になったことを言います。まず、それぞれのクラスの前の廊下で、窓越しに保護者の皆さんが参観をされていました。そのあと、講演会が始まるまで、所在なく、腕を組んであちこちで立ち話が始まりました。その間を子どもがすり抜けてあそんだり、お手洗いに行ったりしている。ちょっと緊張感がないですね。中には、親を見つけてからんで、だらしなくふざけている

子どももいました。先生も笑っているだけで、特別注意することもない。親と一緒だと何でも許されると思ってしまうようでは、子どもにも決していいことではありません。

それにしても、二～三人の大人のグループがあちこちで立ち話をしているのは、少なくとも、園は保育時間中ですからだらしないと思いますよ。また自分の子どもの様子をチョコっと見ただけでスーッと勝手に帰ってしまう親もいました。保育参観の出入りは自由なんでしょうか？　また、講演会も自由参加なのでしょうか？　忙しくて帰るにしても、ひとこと園長なりに声をかけるべきでしょう。自分の都合で勝手にふるまうのは園に対してルール違反だと思います。これは許してはいけない」

たくさんの人が集まる場所での大人のマナーの悪さはあちこちで問題になっている。学校の講演会でも、PTAの役員の方が、最初のあいさつの時に「今日は講師の赤西先生に失礼のないよう、私語をつつしんで、しっかりと勉強して下さい」とおっしゃるのをよく聞くようになった。「お世話の人も大変だなぁ」と私は思って聞くのだが、それにしてもひとこと注意されなければ……というのも恥ずかしい話だ。園や学校は趣味のサークルではないのだから、興味のある人は熱心に、そうでない人は勝手に私語を、なんてことが本来許されるはずかない。少なくとも、子どもの教育のこととして、「おはなし」を聞くのは全員に共通した責任でもあるわけだ。

経験が足りない

園で実施される身近な行事のことを、もう少し大きな視野で考えてみよう。

保育参観で勝手に私語をしたり、自分の好きな時に帰ってしまうのは困った親だが、おそらくそれは、「こういう場で、どうふるまったらいいか」ということがわからないということもあるのではないだろうか。

①　ここでは静かに話を聞かなければいけない。

②　一人ひとりが他の人の迷惑にならないように気を配る。

③　園の考え方を理解して、協力する。

そんなことを考えられるだけの大人しての経験が足りないのだと思う。

「それは一人の社会人として、子どもの親として、常識だ」というのは通用しない。かつてはそうだったのかもしれませんが、今はそれをいきなり持ち出すことはできない。それだけ、子どもたちの親の育ってきた環境も価値観も変わってきている。あたりまえのことをあたりまえと押しつけると反発になる。受ける側の事情を考えないと。それに、あたりまえと信じていることも、ひょっとしたら、時代の変化の中でそうでなくなっているかもしれない。柔軟に対応できる思考が求められる。

親も先生も

ここは割り切って、親の経験不足を補うことも、園の行事の一つの大きな目標にしてはどうだろう。

行事は子どもとその家族が集まる場所だ。その機会を大切にして、子どもだけでなく大人も教育するチャンスと考えてみよう。大人の教育というと何やら保護者の方に失礼な言い方だが、要は集団での経験の場を提供するということだ。

子どもの教育の場としての園や学校は、同時に経験不足を補う親の教育の場にもなる。保育参観を個人やクラスの参観だけと考えてはいけない。自分の子ども、クラスの担任だけを見ていると、「自分の子どもが大切にしてもらえればいい」とわがままな気持ちにもなってくる。その関係からは決して良い人間関係を学ぶことができず、親も子も社会性を経験するチャンスを持てない。また、先生にしても目の前の親に認められることばかりに心が向いて、本当に育てねばならない子どものきちんとした見通しが甘くなってしまうことが起こってくる。それでは、「あなたの子どもに問題あり！」と堂々と親に説明できる場が持てない。それは、立派な先生になるための訓練の場を失うということにもなる。

保育参観を見直そう

クラスの運営については、勿論、担任を中心としてカリキュラムが任される。子どもの発達に応じた内容が期待される。そのことは今までと変わりない。問題は全体のカリキュラムのことだ。

【保護者を迎える時の設定】

決められた時間にそれぞれ廊下から子どもを観察するというのでは、なかなか皆が揃って集中する場にはなりにくい。そこで、園長なり主任なりが誘導係になって、時間になるまでは園の玄関なりできちんとまとめておく。そこで園に入る時の心構えの説明をする。

① 簡単な楽しい気分だけで入ってはいけないこと。

② 子どもたちはきちんと先生の指導を受けている。そのじゃまにならないように。

③ クラスに入る時、座る時、立つ時、一斉に動くと大人は大きいので目立つ。身のこなしにくれぐれも気をつけて、子どもの視線をさまたげることのないように。

④ 勿論、私語はもってのほか。教室のいい雰囲気をこわさないように、あたたかく見守ってほしい。

ただし、この時に厳しい口調で「守るべきこと」を押しつけるような言い方は賢くない。子どもでも大人でも皆そうだが、直接ブツブツと叱言を言われると、わかっていても反発するものだ。特に、「そんなことわかってるよ」ということをくり返されるとわずらわしくなってしまう。説明はニッコリ笑ってさらりと、しかし、背筋をピンと伸ばして威厳を持って……がいい。

まぁそれはそんなにむつかしく考えることはない。とにかくひとこと注意事項をなぞっておけばいいと思う。問題はこのあとだ。

【保育参観中―各クラスの中で―】

決められた時間になったところで、前もって打合せしていた通りに、順に各クラスに園長、または主任が保護者を誘導していく。この時は一〇人から二〇人のグループだ。親は自分の子どもに期待してワクワクしているから、一〇人集まるとけっこうハイテンションな集団になっているはずだ。それを、そーっと押さえ気味に誘導する。歩く速さに気をつけて。スリッパの音にはくれぐれも注意して。クラスの前まで来ると担任に合図して、できれば部屋の後ろに入室していただこう。

あらかじめ、クラスの中に親のスペースと子どものスペースを作っておき、ゴチャゴチャの大騒ぎにならないように。かといって、あまりよそよそしく離してしまうと、子どもが落ち着かなくなってしまう。適度な距離を日頃の保育の中で考えておこう。年齢や保育の進み具合（例えば六月と一〇月では違ってくる）などを充分に配慮する。

保護者は決められたスペースに集まり、座ってもらう。子どもの保育室に大人が立つとすごく威圧感がある。おそらくこの時点で、子どもたちはちょっと興奮するだろう。自分のお父さんお母さんが目の前に入ってきたらうれしいものだ。振り向いたり手を振ったりする子どもも出てきます。親もうれしくなり手を振り返したりするので、これをそのままにしておくと収拾がつかなくなってしまう。

皆がそろったところで、親子で笑いあったり、手を振ったりする時間をあっさりと作ってあげたらどうだろう。「みんな楽しみにしていたお父さん、お母さんが来られましたよ。後ろを向いてちょっとだけ手を振ってみましょう」

あっさりとそれをしたあとに、気持ちを変えて先生の指導に入る。どんな状態になっても、何が起こっても、先生は大きな声を出してはいけない。だって親には園の玄関でそれを注意したのだから、先生とて同じだ。秩序ある穏やかな楽しいカリキュラムを工夫する必要がある。年齢が小さくて、グループレッスンがまだむつかしいクラスの場合は、先生だけでなく、親にも参加してもらう一体感のある保育参観もいいだろう。

① 親に子どもの前で絵本をよんでもらう。
② 子どもがうたって、その歌の簡単な楽器演奏を親にしてもらう。
③ ペープサートに台本で参加してもらう。
④ 親だけにうたってもらう（子どもは大喜び間違いなし）。

⑤　その月の誕生日の子どもの親に、自分の子どもに心のこもったメッセージを、皆の前で読んだり、話したりしてもらう（あらたまった雰囲気になって、感動的になる）。

その他いろいろな企画を考えてみてほしい。

ただ、この企画で気をつけねばならないのは、全員参加の時はいいのだが、選ばれた親に出ていただく時だ。こういう時に出る出ないって、けっこう一人ひとりの親には気になるものだ。そこでは公平にということが大切になる。

全員が無理な時は、その月の誕生日の人（これは私たちもよく使う）。乙女座の人（星座で選ぶ）。十二支で選ぶ（この場合は年齢がわかってしまうので嫌がる人もいるが、気にすることはない）などなど、集まった人たちが、思わずニヤリと笑うような、楽しいものがあればもっといい。

歌をうたってもらう。楽器演奏の場合は、前もって対象者に簡単な楽譜を渡しておいてあげると親切だ。

保育参観の時の給食の試食会

もっと盛り上がる。

いずれにしても、クラスの中は楽しい雰囲気にすることが大切。そして大きなねらいは、「秩序ある時間を共にすごす」ということだ。盛り上がったまま、だらしなく流れるようであれば失敗。サーッと気分を変えて、次の課題にきちんと集中する、そのメリハリが大切になる。

どんなにほのぼのとしても、ピリリと一本筋が通ってなければ学びの場にはならない。ここは親の教育の場ともすると最初に書いた。親が「こんなものか」と気をゆるめてしまうようでは困る。楽しい、あたたかい中でも、周りに気をつかい、配慮して、全体のいい雰囲気を一人ひとりが作り出そう、協力しようという気分にならなければならない。

保育参観は子どもの成長を見てもらうという、それだけのカリキュラムでは充分ではない。親に対しても責任を持つ。親の経験の場とするということをしっかりと考えたカリキュラムを作ってみてほしい。

【参観のあと】

参観の終わりは、各クラス違っていると思う。そのあと流れ解散というのはどうだろうか？　やはり、講演会をしなくても、全体の感想を聞くなり、その日の各クラスの先生のねらいや、何カ月間かの子どもの成長の様子などを話したりする場がほしい。

親に自分の子どものことだけでなく、子どもを取り巻く環境のことを知ってもらうのは大切なことだ。特に、先生や友だちなど、人とのかかわりを通しての発達を聞いてもらいたい。おおよそ、子どもがどんなことをするのか、しないのか、年齢に応じた具体的な発達、そんなことを話すのも意味がある。だから、各クラスの参観のあと、全体会は何としてもどこか場所を設定して実施しよう。

それまでに時間があって、クラスから親が出てきた時は放っておかないで、たとえば、子どもと園庭であそぶことに積極的に誘ってみる。ここでも園長や主任の誘導係は大切だ。廊下のはしで立ち話にならないよう、ただ腕を組んで子どものあそびを見ているのでなく、一緒にあそぶことをしかけよう。この時は担任も中心になって、ゲームを作ったり、オニゴッコをしたり、ボールあそびをしたりと、場を作る。保護者を待ち時間に放ってしまうと、ここでまた気分が途切れてしまう。園にいる間は、とにかくずーっと一人でなく、集団の中にいて、集団のルールで生活しているんだという気持ちを途切れさせないことだ。

【講演会】

保育参観のあとの講演会に講師を呼んだとしても、全ての環境作りの責任は園にある。皆が自覚してわがままにならず協力して、その日の雰囲気を作り上げているわけだから、そのことを理解できる講師と講演内容が望ましい。具体的で現実的、ユーモアがあってピリリとしている。やたらと立派な親を求めたり、単純な子育ての方法論はこの保育参観にはふさわしくない。「ためになるいい話を聞いた」で終わるのでなく、「ああもう一度聞いてみたいなぁ」と思えるような話がうれしい。

【解散】

保護者が園を出る時は、勿論、誘導係がきちんと見送る。流れ解散は中途半端だ。一人ひとりの親の顔を見ていると、その日の内容について、園として考えるきっかけが得られる。保護者は園を出てはじめて解放される。

園の中にいる時は楽しくほのぼのしていても、一定の緊張感と自覚が求められている。そこは集団教育の場だ。自分勝手は許されない。解放されたあと、適度な緊張が心地良いものだと感じてもらえれば成功だ。保育参観での経験が、次の行事のほどよい緊張感につながること間違いない。それをくり返し積み重ねていけば、集団教育の場ということの意味が徐々にわかってくる。そこでは、何を考え、どうすればいいのかも定着してくる。こうなると、「私語をつつしんで下さい……」と注意を促すことがなくても、全体のいい雰囲気は集まった人たちが作り出してくれるようになる。

そこまでの道程は遠いだろうか？　そんなことはない。たった一回でできる。ただ、一回で気付いてもらえるような状況を園側で設定できるかどうかだ。園の責任は大きい。しかも、何回か続けていて、いいところまでいっても、その次に緊張感のないだらしない行事がたった一回でもあれば、それですぐに元に戻ってしまう。その次に人が集まる時はまたまた自分勝手で、人のことを考えない、緊張感のない雰囲気になってしまうだろう。

子どもの教育と同じだ。くり返しくり返し丁寧に環境を作っていくことで、間接的に「気付く」機会を提供していることになる。くり返すが、「自分勝手な親が多くて……」と嘆くのは見当違いだ。親は知らないのだ。経験不足なのだ。訓練されていない。保育園・幼稚園・学校など、人の集まる場所を設定する側の、これからの教育の大きな課題だと私は思っている。

子ども理解編

「がまんできない」子ども

＊あきらめられない
＊大人の責任
＊やじろべえのバランス
＊足の傷と心の傷
＊一日五分間の落とし穴
＊気持ちを抱き寄せる
＊だいじょうぶだよ
＊先生もがんばって

「がまんできない子ども」が増えている。

まず、じーっと座っていられない。すぐにウロウロと歩き廻る。寝転ぶ。勝手なことをしゃべり始める。ちょっとしたことでかんしゃくを起こす。言葉でのコミュニケーションができない。それでいて、字を読んだり、アルファベットを書いたりできる。すぐに物を投げる。怒り始めると、先生にでも突っかかっていって、なかなか止まらない。大声を出す……。

これでは、クラスを受け持つ先生は大変だ。障害児というわけではないから、先生を一人加配してもらうわけにはいかない。とりあえず、複数担任制か園長またはフリーの主任が手伝ってクラス運営を助ける。あまり叱りたくはないし、皆と同じことをしなさいと強制するのは逆効果なのはよくわかる。しかし、我々は命をあずかっている仕事だ。そうそう甘く許すばかりでは危険が伴う。

先生の指示が聞こえない。考えられないのが一番困る。気がつくとそこにいないということがあるのだから。また、他の子どもたちが落ち着けないのも申し訳ない。

これでは、さぞや、親も毎日大変だろうと気づかって、送迎の時などにお母さんに声をかける。ところが思いがけず、次のような返事が返ってくる。

「自分の子どもは元気でたくましい」

「子どもらしくのびのびしている」

「利発で、何でもよく覚えて賢い」

う〜ん、まぁ観方によっては、そう言えなくもないが、

「それは、ちょっと違うんじゃないですか」

と言いたい。

子どもは人の中で生きていく術《すべ》を身につけるのが基本だ。人と人とのコミュニケーションがうまくできず、手前勝手に好きなことをしていることが、どうしてたくましくのびのびしているということになるだろう。まして、字が読める、アルファベットが書けるということが、この状態で、この時期に、それほど大切なことなのだろうか？

あきらめられない

愚痴っぽくなったついでだが、素直にいさぎよく、「あきらめる」ことのできる子どもが少なくなったのも気になる。

オモチャの取りあいをしても、最後までしつこくこだわってトラブルを起こす子どもがいる。その時の状況で

自分のしたいことができず、気持ちを収めなければならないことがあっても、我を通してパニックになる子どものことだ。

なぜ、すんなりとあきらめられないのか。どうして、自分の気持ちを引っ込めることができないのか。先程のお母さんの返事で考えると、あきらめないのは、引っ込まないのは、たくましいこと、根性がしっかりしていることとなるのだろうか。いずれにしても、現場で仕事をしている我々は評論家ではないから、「今の親は……」とか、「子どもの躾が……」なんて言ってられない。とにかく、今日、何とかクラスを運営していかねばならない。

一日五分間の落とし穴

以前こんなことがあった。

落ち着かず、多動の自閉傾向のある子どもがいた。ある施設の指導者が、「落ち着かせるために」と一つの方法を母親にアドバイスした。

「一日五分間、馬乗りになって子どもを押さえつけなさい。それを毎日くり返すことで、やがてあきらめて静かになりますから」

その母親は、言われた通り、それを実行したそうだ。

何とも奇妙な話だ。わかりやすいと言えばわかりやすい。何となく効果がありそうな気もする。しかし、実はとんでもない話だ。

ところが、現在、保育園・幼稚園・学校で行われている、「がまんできない子ども」に「言うことを聞かせる」

「がまんさせる」方法は、この話とさほど違わない。

「先生の言うことを聞く」ことや「がまんする」ことは、無理矢理やらせる、毎日のくり返し。単純に考えて、やらせていることが多いと思う。これがちょっと、落とし穴のような気がする。毎日の積み重ねや努力は勿論大切なことなのだが、それには、本人の自覚がその前に必要だ。本人の気持ちを確かめることなく「そうすることがあたりまえ」と、言うことを聞かせたり、がまんさせることを教えているとするならば、それは「一日五分間の馬乗り」と同じことになる。

言い方を変えれば、言うことを聞かせるのは精神の去勢になるし、がまんさせるのは人間性の抑圧にしかすぎない。これでは、子どもはだまってはいない。これじゃたまらんと、いろいろな問題行動を始めるのはあたりまえだ。

大人の責任

何故、子どもは素直にあきらめられないのかというと、おそらく、あきらめさせる大人側にも問題があると思う。あきらめるというのは、気持ちを断念するということだけではない。あきらめるというのは「明からめる」ということ。即ち、事実を明らかにするということだ。客観的な理解をするという意味でもある。

自分の気持ちを明らかな事実に照らし合わせてみる。そして、「これはしょうがないか。これ以上は手前勝手なわがままだ」と気持ちを収める。これが「あきらめる」ということだ。

そうではなく、先生や親が単純にくり返し努力させる「あきらめ体験」の積み重ねから、一体何が生み出されるだろう。納得しないまま「あきらめさせられた」結果から生み出されるものは理解されず、つき放された反動から爆発して「キレル」という症状か、自分が受け入れてもらえないことの孤独と無気力だ。

子どもに、「あきらめさせる」「がまんさせる」と何かを強制しているわけだから、当然、大人にはその根拠なり、方法なり、結果なりに関して責任があるはずだ。しかし、この責任はいつも無視されている。この責任を考えよう。子どもに対して責任を果たそう。

子どもに「自分をあきらめて、がまんさせる」時、先生や親は馬乗りになって五分間押さえつけるのでなく、また、これは本人の努力と突き放すのでなく、子どもの気持ちを考えて、どうしてもしてやらねばならないことがある。

気持ちを抱き寄せる

それは、がまんする気持ち、くやしい気持ち、明らかになった事実を受け入れる時の困惑。それらの気持ちを、一緒になって経験してやることだ。「話を聞きなさい」「座りなさい」「静かに」「それはあなたのじゃないよ」「もうそれくらいで食べるのをやめておきなさい」「ふざけるのはそこまで」と、毎日、大人はいろいろな場面で子どもをストップさせる言葉をかける。その時、子どもはどうしているのだろう。その瞬間、子どもはどんな表情をして、何を言って、どんな行動をとるだろう。

そのところを、もう一度よく見てみよう。

初めの頃、大抵の子どもは、びっくりしたように手を止め、体を固くして、自分が失敗したことの意味を探り、理解して、それでも受け入れられなくて、戸惑い、顔を赤らめる。そしてポロリと涙する子もいれば、そこからスーッと離れてこっそり母親の腕の中にのがれてくる子もいる。母親の服をひっぱったり、腰にくっついたりすることもある。急に元気がなくなって、自分の耳たぶをさわったり、指を吸いはじめたりすることもある。

いずれにしても、びっくりして、困って、どうしていいかわからないで、気持ちが整理できないでいる合図だ。これらの合図を送った時に、しっかりと抱き寄せることが絶対に必要だ。

「がまんしなさい」とストップをかけたあと、それでも「こわがらないでだいじょうぶだよ」と安心させてやる。この「だいじょうぶ」のひとことで、どれだけ子どもはホッとすることだろう。

しかし、多くの場合見ていると、立ち止まって困っている子どもに向かって、親は「だから言ったでしょう」「そんなことをする子は悪い子なのよ」「どうしてごめんなさいを言えないの」と厳しい鬼のような顔で、ここぞとばかりにかぶさるようにたたみかけている。また、「いつもあなたはそうなんだから」と、日頃の恨みごとを言う先生もいる。

何てことだろう。ここが一番大事なところなのに。

やじろべえのバランス

図6の、やじろべえのバランスが大人の責任になる。

「がまんさせて根性を鍛える」「がまんは努力だ」なんて、簡単に子どもを突き放す。最初は戸惑いから始まった「ストップさせられたこと」は、そのあとの気持ちのフォローがないところで、やじろべえのバランスが崩れる。

それが続くと、子どもはやがて、大人に期待せず、大人に対する不信感を持ち、自分が受け入れてもらえない世の中の仕組みに対して反発し、「一方的にがまんさせられている」と憎しみを持ち始める。

挙句、三歳にしてすでに、少々のことでは先生や親の言うことを聞かない、しつこい自分勝手な子どもが見事にでき上がってしまう。

小学校に入って授業中ウロウロし、机をぶん投げて友だちを傷つけ、先生に食ってかかる。そうやって先生を困らせている子どもの心は、安心させてもらえなかった孤独で一杯だ。そして、子どもの心のケアを怠った大人に対する憎しみであふれている。

【図6　やじろべえのバランス】

だいじょうぶだよ

今日からすぐに始めよう。とても簡単なことだ。

子どもが、「自分が間違った」「失敗した」「困った」と感じた時、親や兄や姉に叱られ、突き放されて、しょんぼりしている時、少し間を置いて、「だいじょうぶだよ」とやさしく抱き寄せてあげてほしい。手をつなぐだけでもいい。頭をそっとなでるだけでもいい。多くを語ることはない。

こういう時、なぐさめの言葉はかえって邪魔になる。説明することもない。言い訳もいらない。「ダメなものはダメ」として厳しくしていい。ただ、それだけではすまさないということだ。気持ちを切り換えて、呼び寄せて絵本を読んでやる、買い物や散歩にでるというのもいい。とにかく、長引かせないで、あっさりとフォローする。「しばらく反省してなさい」と隣りの部屋に閉じ込めるようなやり方は、あまり賢くない。子どもはますます打たれ強くなって、やがて、もっと奥の部屋にとじこめなければ聞かないということになってしまう。

足の傷と心の傷

最近、ある消毒薬のＴＶコマーシャルを見た。二人の男性がラーメン屋から飛び出してくる。すごい勢いで競って走る。何事かと見ているとﾞ、やがて、公園で男の子が二人ひざをすりむいて泣いているシーンになる。二人の男性はどうやらその子たちの父親のようだ。子どもに駆け寄ると、傷口に消毒薬をシューッとふりかける。そのあと「だいじょうぶか」と叫びながら子どもを抱きしめる。そこで消毒薬の名前が紹介されるという具合だ。

コマーシャルを作った人には申し訳ないが、私には製品のイメージがあまり残らなかった。それよりも、父親が力一杯子どもを抱きしめるシーンが印象的だ。父親なのがいい。余計なことは一切言わず、「だいじょうぶか」と叫ぶのがいい。

いつでも、どこでも、どんな状況でも、これはとても大切なことと思う。つまり、一方で具体的な傷の内容を明らかにして、治療を行う。もう一方で「だいじょうぶ」と抱きしめて安心させる。やじろべえのバランスのうまいこと。ここで、傷の手当てがおろそかになって、「だいじょうぶ、だいじょうぶ」だけでは、ひょっとしてひどい菌が侵入して大事になるかもしれない。また、傷の手当てだけで、「ハイ、一丁あがり」では、子どもがその時に感じた不安やおどろき、痛みなどの気持ちを置き去りにしたままになってしまう。コマーシャルを見ながら、大袈裟な父親だなぁと思いながら、それでも何やら安心できるのがうれしい。こんな平凡なこと、あたりまえのことが、子どもには大切なことなのだ。

先生もがんばって

さて、最後に、「がまんできない子ども」を受け持った先生だが、先生がクラスを運営する時は、とにかく、安全を確保すること。それから、他の子どもを巻き込まないこと。これは考えるほどむつかしいことではない。先生を困らせている子どもを迷惑な子どもと見ないこと。イヤになってしまわないこと。それだけで充分だ。ウロウロと落ち着かない子ども、大声を出す子どもは、一番苦しんでいるのは本人だということを理解してあげてほしい。そして、少し解放してやろう。心をリラックスさせて、自然なかかわりをとりもどすような環境を準備してあげよう。他の子どもよりあらゆることに時間を多目にみてやろう。

それから、もっとも大切なことだが、近くに寄せて、体をちょっとさわってみよう。いつでも声をかける。じーっと立って何もしていないのを見かけたら、ちょっと軽口で「どうしたの？　あら？　怒ってるのかな？」と気持ちを引き立てるひとことを言うのもいいだろう。

保育園にやって来た時に、すでに、やじろべえのバランスがくずれてしまっている子どもたち。心の中をそっとのぞいて、何をしてあげたらいいのか、何ができるのか、そんな大人の責任を果たすことから、子どもの問題行動を考えてみたらどうだろう。

本物の力

＊犬はお仕事中だよ
＊子どもの学習
＊子どもの豊かな無駄
＊子どももお仕事中
＊ちょっとだけやってみる
＊子どもを見守る

瀬戸内海に面して神戸の西に赤穂という市がある。昔から塩田が多くあったところで、『赤穂浪士』の物語で全国的に有名なところだ。その市に数年前、関西福祉大学が開学した。初年度の学生二五〇名の小さいけれども個性的な大学のスタートだ。

その大学の以前から懇意にしている助教授が先日訪ねてこられた。新設校の苦労話や開学までの準備、そして、入学試験、新学期とあわただしく終えて、ホッと一息しているところだと、話しもはずんだ。大学が福祉にたずさわる学生の教育、および将来の福祉関係者の養成を目指しているので、授業にも特色を出したいといろいろな意欲的なカリキュラムの話も出た。

その中の一つとして、新学期の最初の授業に「全盲の人の話を聞こう」という企画を出したそうだ。

四月の中旬に市の福祉課から依頼された全盲の人がやってきた。二五〇名の学生全員が集まった講義室の教壇にその人が、ちょっと落ち着かないでだまったまま立っているのを見て、それまでざわざわしていた学生たちが自然に静かになったということだ。

静かになったところで、その人が次のように話しだした。

「わたしは今日、自分の着ている服の色がわかりません」

「わたしは、赤がどんな色か、黄色がどんな色か知りません」

この投げかけられた言葉は学生たちには衝撃的だったようだ。学生だけでなく、同じくその会場で聞いていた大学の教員たちの心にも強くひびいたと、その助教授は話してくれた。

本当のことというのは力があるなぁと、その先生はしみじみと思ったそうだ。

犬はお仕事中だよ

その企画の結果に励まされて、次の週には盲導犬をつれた目の不自由な人を手話の指導にと招待したそうだ。五月になって、依頼された人が盲導犬を連れて学内を歩いていた時のこと。学生たちが気づいて近寄って行き、犬に声をかけて、犬の頭を、体をなでようとした。その時どこからか声がかかった。

「犬はお仕事中だよ」

その声を聞いた学生たちは、パッと手をとめて、ちょっと困った顔をしながらも、好意的に犬とその人を見守っていたそうだ。

あとで犬をつれていた全盲の人が、そのことに触れてこんな話をした。

「犬の頭を、体をなでてやってもかまわないのです。でも、何故そうなるかわからないのですが、日本の人は一人がそうするとみんなが寄ってきて、犬を触るので困ることがあります」

子どももお仕事中

「犬はお仕事中だよ」というのは、うまいことを言ったものだ。とてもわかりやすいし、しかも、本質を言い当てている。盲導犬は目の不自由な人の横にいて、一緒に歩いたり、座ったりしているだけのようだが、実際はいろんな仕事をしている。見て、聞いて、感じて、そして判断しているのだ。瞬間瞬間変わっていく周りの状況に合わせて忙しく働いているわけだ。

盲導犬の多くはラブラドールレドリバーという種類の犬だ。大型犬だが短毛で、見たところおとなしい印象を受ける。しかし、実際はなかなか頑固で激しい性格だと言われている。

「犬はお仕事中だよ」と声をかけた人は表面的な犬の印象に捉われないで、犬が静かに、それでも内面は激しく活躍していることを感じとることのできた人だ。動物の種類としての犬をそれ以上の存在として見ることのできた人だ。

なかなかステキなスタッフのいる大学だなと思いながら、私は話を聞いていた。ここで気づいたのだが、「犬は」という部分を「子どもは」という言葉に置き換えてみたらどうだろう。

大人が子どもに何かしようとした時、「子どもはお仕事中だよ」と声がかかり、思わず手を引っ込め、気持ちを込めて子どもを見守るということがあるだろうか。人間の子どもは、「教育の早い時期に全く『自分のもの』でない感情を持つように教えられる。特に他人を好むこと。無批判に親しそうにすること。また、誰にでもほほえむこと」。子どもは大人にとっては、かわいがられ、頭をなでられる存在のようだ。子どもは毅然と顔を上げて「ボクは仕事中だよ、ボクに触らないで」

と言ってはいけないと教えられている。

　盲導犬は瞬間瞬間を判断できるよう訓練を受けている。何もしていないようで、忙しく働いている。子どもも同じことだ。子どもはあらゆる時、あらゆる場所で、あらゆる出来事に、目で見て、耳で聞いて、心で感じて忙しく仕事をしている。おそらくそれは盲導犬の何倍もの量をこなしているかもしれない。その仕事は一人の人間を作り上げるというとても大切な仕事だ。子どもが仕事中の時は静かにアドバイスして助けることはあっても、邪魔をしてはいけない。

　特に子どもの仕事で大切なことは、
①　見ること
②　聞くこと
③　感じること
　ところが、この三つの大きな仕事は、大人にはあまり認められていない。

子どもが同じことをくり返す。いつまでもやっている。何もしないでただ見ている。こういう時、子どもの仕事は次のような言葉で中断される。「早くしなさい」「何度言ったらわかるの」「まだなの」「いい加減にしなさい」。

子どもの学習

大人は仕事は目に見えてするものと思い込んでいる。ただ見ているだけ、聞いているだけ、同じことをくり返すだけでは、大人には仕事と思えないようだ。だから、先生や親は子どもがすることを認める。また、何もしないよりは何かした方でいいと子どもにさせようとする。

たとえば、保育室の同じ場所にいて、じっとして他の子どもの様子を見ているだけの子どもがいたとしよう。その子どもは、おそらく「あそんでいない」「あそべない」と心配されるだろう。

それでは、子どもは内面でどんな仕事をしているのだろう。それは子どもの学習の仕方につながる。子どもの学習の仕方はジグソーパズルをする時に似ている。一枚ずつはめながら、最後の一枚がパチンとはまる。その時になってはじめて、子どもは「あ、ぞうさんだ」と絵図を理解する。

大人はジグソーパズルを三分の一もはめれば「ははん、これはぞうだな」と推測することができる。大人には経験を積み重ねてイメージする力があるからだ。

子どもは本当に一つずつ確かめて、一つずつ見ながら、最後に全体を理解することができるのだ。この確かめと理解する行動が、内面の仕事の一つと言える。

ちょっとだけやってみる

親は子どもに次のような言い方をすることがある。

「ちょっとだけやってみれば」「できることはやってごらん、できなくなったら手伝ってあげるから」。

たいていこういう場合は、子どもはモジモジして動かない。それを見ていてはがゆくなって、励ましていたはずの言葉がだんだん厳しくなって、「どうしていつまでもできないの」と叱責調になってしまったりする。「ちょっとだけやってみる」ということが、子どもには意外と難しいこと。子どもは全体をきちんとまるごと納得するまでなかなか動き出さないものだ。それが子どもの学習の仕方なのだ。

子どもが全体の見極めができる前に親や先生にせかされて、強く後押しされて動き始めた場合、子どもは丁寧さ、慎重さ、確実さを失っていく。また、「すること」によって親や先生にほめられ、認められると、それに応えようとして、とにかく活発に動こうとする。

結果として、その子どもの育ちは、どんなことでも意欲的にチョイ食いはするけれど落ち着きがなく、一つの始末がきちんとできない中途半端な子どもになってしまう。そうなった時にはじめて親はこう言って困った顔で相談に来る。

「先生、うちの子は落ち着きがないんです。どうすれば集中力がつくようになるでしょう」

本来子どもは慎重なものだ。新しいことにいきなり飛びつくようなことはしない。見極めができるまで怒い顔して、緊張して、困った顔をして、心の中であれやこれやとフル回転してお仕事をしているものなのだ。

時間をかけて、しっかりと学習して、納得してから行動する、こういう確実な子どもが賢い、知恵のある子どもになる。

子どもの豊かな無駄

子どもの手をつないでシャカシャカと街を歩いている親子づれを見かける。子どもは引っ張られるように体が斜めになって、小走りだ。ちょっとかわいそう。もしできるなら、落ち着いて街の様子をゆっくりと見ながら歩きたい。

商店街の真ん中を歩くのは、忙しく通行している人たちの邪魔になることがある。子どももびっくりしてしまう。そこで道のはしっこを一軒一軒お店を見ながら歩こう。親は子どもが聞くことに答え、発見したことを一緒に楽しみながら歩く。街は子どもの好奇心を刺激することがたくさんある。とてもおもしろい学習の場だ。ただ子どもは大人と違って、ある目的を持って歩いているわ

けではないので、気まぐれで無駄の多い歩き方をする。

それがいい。その無駄が子どもを豊かにしていく。子どもの無駄に付き合う余裕が大人には必要だ。毎日でなくてもかまわない。一週間に一度だっていい。それだけでも随分と子どもと大人の関係はよくなるだろう。

子どもを育てる中で、子どもの好奇心とか必要な無駄というものを意識しておくことは大切なことだ。たとえば、そういった意識が欠けるとどうなるだろう。次にお父さんと子どもの例で見てみよう。

日曜日です。今日はお父さんが動物園に連れて行ってくれる日です。久しぶりに子どもとあそぶ時間ができたのでお父さんも張り切っています。

電車に乗って駅に着きました。駅からはまっすぐ商店街を歩いてその先に動物園があります。街は朝一〇時の開店に合わせてどの店も準備を始めています。シャッターをあけて品物を並べています。トラックがやってきて荷物を降ろします。あちこちでお店が開きはじめた頃というのは、なかなかおもしろいものです。子どもはお店が気になります。トラックの大きな荷物に興味もあります。オモチャ屋の店先で動き始めたゼンマイ仕掛けのサルの人形も見てみたい。

しかし、お父さんは子どもの手をつないで、まだ通行人のまばらは商店街の真ん中をシャカシャカと歩いて行きます。

「よーし、今日はいい天気だ、動物園はおもしろいぞ」

「まずやっぱりゾウを見よう、それからキリンだ。ラクダやサイもいるぞ。そうそう大きい動物から見よう、それから小さいやつだ。時間がなくなるかもしれないから鳥はあとにしよう」

と、ひたすら歩きながら勢いよくしゃべり続けます。とても楽しそうです。

お店やトラックの荷物は気になるけれど仕方ありません。今日はお父さんと一緒にあそぶ日です。久しぶりに子どもとあそぶ時間ができて、お父さんも張り切ってはしゃいでいるのです。楽しそうなお父さんの邪魔をするわけにはいきません。

動物園では、次から次へとたくさんの動物を見ました。本当は、子どもは手の届きそうなところまで近寄ってくるたくさんのハトを追っかけてあそびたかったのですが、お父さんはたくさんの動物を見るために、子どもの手を引っ張ってぐんぐん歩きます。あまりゆっくりとはできませんでした。

午後、昼食のあとも、たくさんの動物をお父さんと一緒に見ました。お父さんはすごくまじめに、動物園の動物はすべて子どもに見せてやろうと張り切って、細かく見て廻って、連れて行ってくれました。

夕方家に帰ると、お父さんはお母さんに、今日の動物園の楽しかった話をずーっとしていました。本当は、子どもはもうちょっとで手に触りそうだったハトの話をしたかったのですが……。

夕食後、お父さんは画用紙とクレパスを持ってきてこう言いました。

「さぁ、お父さんと一緒に、今日の楽しかった動物園の絵を描こう」

子どもを見守る

「動物園の絵を描こう」というのは、保育園の先生の気持ちと一緒だろうか。子どもが体験したことを表現することによって、より確かなものにするという意味だ。しかし、子どもの心をもっとも大きく動かしたハトはどうなったのだろう。絵を描かせることで体験したことのある部分は確認できるが、もっと大きなものを見落としているということはないだろうか。

子どもが何を経験したかということは、子どもの目線で物事を見ることではじめて可能になる。子どもが何を見て、聞いて、感じているか、それを知るためには、少なくとも、次の四つのことは気を付けたい。

① 子どもの目線までしゃがむ。
② 子どもとの距離を一定に保つ。
③ 子どもを安心させるやさしい表情。
④ 一方的な言葉かけでなく、子どもの話を引き出す。

「子どもをあそんであげる」「子どもにしてあげる」ということだけでなく、「あそびを見守る」「するのを見守る」ということがあってもいいと思いう。何故なら、子どもは大人に「してもらう」だけでなく、あらゆる場面で間違いなく「自分のお仕事」をしているからだ。

さて、今日から、子どもに無遠慮に近づいて声をかけ、子どもに許可も得ずに勝手に頭をなでようとする厚かましい人を見かけたら、ひと声かけよう。

「子どもはお仕事中だよ！」

静かにして下さい！

＊大学の授業と私語
＊私だけじゃないでしょう
＊スッキリさわやかに
＊昨年のクリスマス会のあとの親の感想文より
＊嘆くだけではははじまらない
＊園もやりにくい
＊どうする？
＊雰囲気を作り出そう

講演会に出掛けた時に、目立って気になることがあった。

ある公立幼稚園でのこと、ＰＴＡの会長さんが私を紹介して下さって、そのあと、こうおっしゃる。

「皆さん、今日は私語を謹んでしっかりとおはなしを聞いて下さい。よろしくお願いします」

そのひとことを聞いて、「あぁ、お世話する役員の人も大変だなぁ」と恐縮してしまう。

数年前にも同じようなことがあった。しかし、最近は殆どの講演会・学習会で、それに似たようなあいさつを聞くようになったので、すっかり平気になって恐縮もしなくなってしまった。

大学の授業と私語

大学で授業中の学生の私語がとりざたされるのは珍しくない。座席を一つとばしにしたり、席の指定で成績・評価の対象にしたりと、先生もあの手この手で対策を考える。学生に言わせれば、単に授業がつまらないからだ。おもしろい授業だと静かに聞くと言う。おもしろいだけの学問なんてありえない。コツコツ積み重ねることによっておもしろさが出てくる学問もあると先生は突き放す。

私も昨年、女子大で講義を頼まれた時、予想はしていたがビックリさせられたことがある。そこは、段階式の大きな教室で、正面に二段の大きな黒板がある。ワイヤレスのマイクロフォンが充電して教卓のすみに置いてある。学生はおよ二〇〇人。講演会では大きな会場は経験しているが、大学では四〇人くらいの授業しか知らないので、階段式のホールのような教室はちょっと興味深かった。

専任教授がマイクで私を紹介してくれた。学生は聞いていない。とっくにチャイムは鳴っている。なのに一向に静まらない。教授もなれっこになっているのか、かまわず話し続ける。

えーっ、これで始めるのっと私は不思議な気分になっていた。園で三歳の子ども六〇人に話しかける時でも、もっと静かに子どもは聞いているよと思ったりしながら、ずーっと上まで見上げる。一番後ろの席の学生はすっかりくつろいでいて、授業に来たという雰囲気ではない。さすがにマニキュアをぬりなおしたり、菓子パンを食べている学生はいないけれど、オイオイ、それはないよ、ちょっと待てよという気持ちだ。

こうなると、何ともムキになって、「よーし」なんて思ってしまったりして、いよいよ授業開始で、いきなり階段の一番上に上がって、マイクは使わず、学生の背中を見ながら授業をハイスピードで始めた。後ろから見られると困るのか、さすがに話し声はしなくなった。どんどん質問をしていく。答えても、答えられなくても。いつ、質問されるかわからない緊張感でのんびり顔も少しはひきしまってきた。

よく見ると、社会人学生なのだろう、若い学生の間に年輩の人がいるのに気がづいた。この学生は熱心だ。若者の中に身を小さくして座っているが、しっかり話を聞こうとしている雰囲気が伝わってくる。「そうそう」こういう学生が一人でもいるとうれしくなる。「よし」とますますはりきって、黒板にザーッと書きこんで、階段を一気にのぼって後ろでしゃべりまくる。九〇分はあっという間だった。私語も全くなかった。しかし、疲れた。こんな授業は毎日はとても無理だ。教授と顔を見合わせて苦笑いをして帰ってきた。

園もやりにくい

保育園の話にもどるが、園の行事の時、子どもたちが一生懸命に演じ、うたっているのに親が見ていない、聞いていない、勝手なおしゃべりをしている、そういうのをたまに見かけることがある。

それでいて、自分の子どもが出てくると、たちまち身を乗り出し、後ろの人の迷惑など考えずに平気でカメラやビデオを構える。運営する側の園としても、先生たちもさぞやりにくいことだろう。大人がこんな調子だから、子どもたちもなかなか集中できず、落ち着かない。

園長が「みなさん、しっかり子どもたちを応援してやって下さい」と訴えても、それすら聞いていない、呑気というか、無神経な親がいる。

私だけじゃないでしょう

行事の時など、人の集まる時のマナーが悪いのであれば、細かく注意をしたらどうだろう。役員が腕章でも腕に巻いて、私語をしたり、目に余るマナー違反があれば、「ちょっと謹んで下さい」と言う。普通はそう注意されると、「すみません、気が付かなくて……」と恐縮して素直に聞いてくれる。そうすればどうだろう。

ところが最近は、そんな簡単にはいかない。注意を聞いてくれるどころか、反対に「私だけじゃないでしょう。うるさく言わないで下さい」と食ってかかられてしまう。役員もタジタジになってどうしようもない。それ以上言い合いになると、けんかになってしまう。

「本当にむつかしい時代になったものです。子どもの躾どころか、親にこんなあたりまえの社会性も育っていないのですから、私たちはお手上げですよ」

と、年輩の園長が嘆いていたのが忘れられない。

どうする？

私語をはじめとして、若い両親の手前勝手なマナー違反はあちこちで聞くようになって、珍しくなくなった。「今の親は……」とひとくくりで、ブツブツ言われるほうもたまったものではないだろうが、確かに世の中ちょっとおかしい。

しかし、私は現状分析して嘆く立場にはない。とにかく、次に親が集まる行事を気持ち良くするにはどうしたらいいかを考え、工夫しなければならない。子どもたちに、みんなで作りあげることの素晴らしい体験をさせてあげたい。一部の無神経に引っ張られると子どもたちがかわいそうだ。

そこで、いろいろとやってみて気がついたのだが、親にしても、見知らぬ人が集まる場所で、どう振る舞ったらよいのかや、自分の子ども以外の多くの子どもにどのような心情で接したらいいのかという、社会性の経験が乏しい。要するにわからないのだ。悪気があって私語をしたり、人の迷惑を平気でしているわけではない。それであるならば、経験ができるような機会を作るしかない。親も学習できる場を設定して一緒に考えるしかない。

園の年間の行事に、そのようなねらいを設定したらどうだろう。行事だけでなく、園が呼びかけて、人が集まる場所において、子どもも大人も一つの社会的な経験を試みようというわけである。

スッキリさわやかに

先程も書いたように、直接注意されるとおもしろくない。反発も返ってくる。そこで、自分たちから気づくようにするにはどうしたらいいか。

運動会でのこと。その年から、ハンディキャップを持った子どもが園に入園してきている。みんなで参加して、みんなで楽しむ運動会にしようと、職員も話し合って、競技も競争するというよりも、ゆったりと、一人ひとりの成長が見れるものに工夫して変えていった。縦割りの工夫もした。年長児が年少児のお手伝いをする。今まで先生がしていたことを思い切って年長児に任せてみた。そんな工夫をして迎えた運動会の日。プログラムがおだやかに進行している。その時周りを見てふと感じたのだが、全体がほのぼのとした運動会になった。

何やらスッキリとしてさわやかなのである。競技を変更したこともあるのだが、ぐるりと周囲を取り囲んでいる親の雰囲気が違う。昨年までは自分の子どもの出番になると、カメラやビデオを構えて、できるだけ間近にと、親があちこち移動して大騒ぎだった。中には、グラウンドの中に入って他の子どもが走るのに邪魔になるケースさえあった。ところが、今回はみんな控え目なのである。

本当はカメラを持ってわが子に近づきたいところなのだろうが、子どもたちがお互い助け合って一生懸命運動会を作り上げているのを見て、さすがに遠慮したのだ。その上、年長児が年少児の手をとったりして介添えすると、会場から予期せぬ拍手まで出たりした。

「あぁ、そうなんだ。こういう自然な設定があれば、みんなきちんとマナーに気づき、守れるんだ」と、その年の運動会の一番大きな収穫だった。

雰囲気を作り出そう

それ以後、行事には別の意味で大きなねらいを一つ揚げた。

「親がどのように振る舞ったらいいか、わが子だけでなく、全体の子どもをどんな気持ちで見たらいいのかを助けられるような雰囲気を作り出そう」

たとえば、保育参観はピリッと引き締まった。子どもの集中力を最大限に引き出したものにした。そうすることで、親同士の立ち話しはほとんどなくなった。

クリスマスは夜に準備して、親も子も一緒になってほのぼのとした演出にした。その結果、「おみやげをもらってケーキと唐揚げを食べるというにぎやかなクリスマスもいいけど、気持ちのこもったお話しを聞く、素朴なクリスマスもいいね。こんな過ごし方もあるんですね」と親の意識が変わってきた。

昨年のクリスマス会のあとの親の感想文より

園の「あったかクリスマス」、心に残るすばらしいクリスマス会でした。

「町のあちこちにある賑やかなクリスマスではなくて、手作りの落ち着いたあたたかーいクリスマスを味わっていただければ……」と、園長先生のおっしゃっていた通りの、心にしみ渡る会でした。

いつも、行事は細かい所までいろいろ配慮されていることに、本当に驚いています。そして、わが子はあんなに楽しそうに、お友だちと一緒にうたっていました。笑顔はしっかりと、私の心の中に焼きつきました。そして、四歳になると、あんなに長く難しい歌もうたえるんですね。年長組の歌、ハンドベル、共にすばらしかったです。

何日か前までは、カメラを持って行って、うたっている姿を写そうと楽しみにしていたのですが、やはりあの会には、カメラパチパチ、フラッシュパチパチはふさわしくないこと

がはっきりわかりました。園長先生が書いていらしたクリスマス会は、あの会だったのだと、終わってみてしっかり伝わってきました。

それにしても、園長先生のストーリーテリングの間、小さな子どもたちも、あんなに静かに耳を傾けることができるのにも驚きました。わが子はどこにいるのか、後ろ姿を探し、何度か母親の私を探すかな？と、じっと見ていましたが、ほとんど振り向くこともなく、じっと前を向いて長い間ちゃんと座っていました。

最後のキャンドルサービスは、何か幻想的な感じで、「今、本当に大切なものは何なのか…？」などと、色々考えさせられて、思わず涙がこぼれそうになる一瞬でした。できれば、あのクリスマス会は、毎年あってほしいと思った一日でした。

嘆くだけでははじまらない

世の中が忙しくテンポ早く騒々しいので、気持ちに余裕がなくなった。自然であることが少なくなったので、素朴さのよさに気づかない。こんな社会の中で、人のことを考えないマナーの悪さ、不道徳だけを嘆いてもはじまらないと思う。

多くの大人が自分の個性を生かすことと、集団に帰属することのバランスが悪い。意味がわからず戸惑っている。人に興味を持つことや、積極的に我を押さえて集団との一体感を見いだすことを経験できる場が、今必要だ。子どもだけでなく、その両親にも、そんな社会的な場を提供していけるように、講演会をはじめ園の行事のあり方を、今、見直す時期にきているのではないだろうか。

ナオミ

＊お母さんからの電話
＊先生に迷いはない
＊言い分を聞こうじゃないか
＊自信のないのがちょっとうれしい
＊先生へ！
＊当たってしまった
＊はじめにルールあり
＊ニッコリ笑って許す

新学期が始まって、子どもたちが緊張して登園してきている。

自分のクラスに入って、初めて担任の先生の顔を見て、声を聞く。ずーっとお母さんと一緒だったのが今日から一人。座っているだけで不安になって、泣きべその顔の子どももいる。

年少組で入園した三歳のナオミも、泣きたい気持ちをグッと我慢して、手を固くギュッと握って、さっきから恐い顔をして座っている。

先生は子どもたちがちょっとでも楽しい気分になるようにと、明るく大きな声で話しかけてくれる。それに安心して、子どもたちはホッとして勇気づけられるのだが、中には反対に、その明るい声が今の緊張した気持ちに合わなくて、びっくりして、ますます恐がってしまう子どももいる。

どちらかといえば、ナオミはそんな女の子だった。

やがて、先生は出席簿を片手に一人ひとりの名前を呼び始めた。

「せんせいに名前を呼ばれたら、大きな返事をしてね」

「〇〇ちゃん」

「はーい」

「〇〇くん」

「はい」

「ナオミちゃん」

「・・・・」

「あらどうしたのかな？　お返事は？」

「・・・・」

　先生は誘いかけ、促すのだが、ナオミはどうしても返事ができない。

「あしたはお返事してね！」

新学期、間もない頃だったので、先生もそれ以上はこだわることなく、次の子どもの名前を呼んでいった。

　次の日、ナオミはやはり返事ができなかった。

「あらっ？　今日も駄目なの？　早くお返事できるようになってね。みんな言えてるでしょう」

先生は励ますのだが、ナオミは言えない。

先生が名前を呼びながら、「今日はどうかな？」と探るような声で、眼で見るのがとても辛く、先生が出席簿を手にとっただけで、嫌な気持ちになって家へ帰りたくなってしまうのだった。

　次の日も、その次の日も、ナオミは返事ができなかった。

お母さんからの電話

　返事ができないまま、一週間経ったある日の夕方、ナオミのお母さんが担任の先生に電話をしてきた。

「あのー、子どもが保育園に行きたくないって、夜になると泣くんです。よく聞いてみると、先生に呼ばれて返事ができないからって言うんです。どうすればいいでしょうか？」

と、遠慮した困った声だ。

「そうです。おたくの子どもさんだけ返事ができていません」

「それで……、返事というのは、どうしてもしなければならないのでしょうか。どうもそれがイヤらしいのですが……」

「何を言っているんですお母さん！　それはあたりまえのことですよ。皆ができていることがどうしておたくのお子さんはできないんですか。あいさつをするというのは、家庭の躾でもあるんですよ。返事ができるように家で練習させて下さい。みんなそうしていますよ」

先生の勢いに押されて、母親はびっくりして、

「えっ、そうなんですか。わかりました。家でも練習させてみます。面倒なことを言ってすみませんでした」

と、あわてて電話を切った。

受話器を置いて、母親は考えた。

「そうだわね。みんなができていることを、うちの子どもだけ大目にみて下さいというわけにもいかないし。やっ

ぱりうちの子がみんなと同じようにできていないのがいけないんだ。私の育て方が甘かったんだろうか。もっと厳しく家でいろいろと教えておかないといけないんだろうか……」

と、ナオミのお母さんは電話をかけたことを後悔し、自分の子育てが間違っていたんだろうかと悩み始めてしまった。

一方、担任の先生は、

「本当に甘い親で困ってしまうわ」

と、同僚にぶつける。

「自分の子どもしか見てないんだから。それでいて、こういう親に限って行事なんかで自分の子どもが他の子と同じようにできていないと、先生の指導が悪いなんて言うんだから」

「そうそう、うちのクラスにもそういう自分勝手な親っているよ」

と、同僚も合わせる。

当たってしまった

さて、そんなことがあって、数日後、ナオミのお母さんの後悔は別の意味で当たってしまった。

あの日以来、担任の先生のナオミを見る目が変わったのだ。それまではなんとなく、「あいさつの返事のできない、気の弱い女の子」ぐらいのイメージだったのだが、電話のあとからは、「親の躾が甘い、わがままな女の子」となってしまったのだ。

先生のナオミに対する態度は明らかに以前より厳しくなった。ナオミが他の子どもと同じにできないことを、それとなく見逃してくれていたのだが、今は「もういい加減にしなさい」という強い調子に変わった。ナオミには、ますます保育園が遠い存在になってしまった。

先生に迷いはない

「一人ひとりを大切にする」とよく聞く。本当にそうであるならば、これほど親にとって有難いことはない。また、子どもたちも先生を信頼し、自分の可能性を存分に試し、伸ばすことができる。

ナオミの担任の先生は、「一人ひとりの子どもを大切にする」ということに関して、自分の保育に自信をもっているようだ。それはどんな自信かというと、皆と同じようにさせる、育てる、指導するという意味においてだ。また、同じものを与える、持たせる、食べさせる、という意味でだ。どの子どもにも平等、公平にしているという自信なのだ。

だから、担任と同僚との話は母親には厳しいようだが、この自信からすると、もっともだと私は思う。先生に迷いはない。信念があるのだろう。しかし、「一人ひとりを大切にする」というのはそれだけの意味ではないとも思う。そのことをもっと考えよう。

はじめにルールあり

集団教育ではある一定のルールを守ってもらわないと困る。それぞれの家庭でしていることを園で同じようにされると、みんなてんでに好きなことを始める。それでは、他の子どもからお互い学び合って社会性を育てていくという、集団教育の基本的なねらいが実現されない。園も大騒ぎで収拾がつかなくなる。

名前を呼ばれたら返事をするということも、その一定のルールの一つかもしれない。担任の先生が「みんなができていることを……」と突き放して言うのもよくわかる。しかし、「はじめにルールあり」では柔軟性のない画一主義になってしまう。初めて経験する子どもにはちょっと可哀想。それをすすめすぎると、中には押しつけられたルールに反発し、わざと違うことをやってみようとしたり、隠れたところで違反をしたりする子がでてくるかもしれない。

ルールは、自分が使いこなしてはじめて素直に受け入れることができる。有無を言わせず押しつけられたルールからは、どうやって逃げようかという、逸脱した知恵ばかりを育てることになってしまいかねない。

言い分を聞こうじゃないか

私は、「一人ひとりを大切にする」という意味は、ある一定のルールに到達するためにそれぞれの個別の理由を最大限受け入れる、ということでもあると思う。つまり、「こうやってもらわないと困るけど、あなたの言い分も聞きましょう」ということ。その理由によって、対応の仕方を柔軟に考える。その理由から、子どもの個別の発達を理解する。こんなことができればうまいなあと思う。

さて、先生に名前を呼ばれて、ナオミが返事をしない理由は何だろう。怠けてるのか？　ふざけてるのか？甘えてるのか？　わがままなのか？　返事をするという意味がわかっていないのか？　それとも、返事はしたいのだが、しなければと思うのだが、どうしてもその時になると声にならない、他の理由があるのか……。

個別の事情のあるなしをちょっと考えてもらって、先生にはそのことの見極めを望みたい。「皆ができている」と学級運営のルールを持ち出す前に、「なぜ？」と考えてほしい。

ニッコリ笑って許す

子どもの「なぜ？」を考えた上で、たとえば、「ナオミちゃん、あぁこの子は二月生まれで一人っ子。ちょっとお母さんが大事にしすぎたのか。経験不足で新しいことにすぐに入っていきにくい。やさしくて穏やか、素直なのだが、友だちとのコミュニケーションの仕方はまだ未熟。よって、朝の出席をとる時の返事ができるようになるまで一ヶ月の猶予期間をあげましょう」と気持ちを切り換えて、ニッコリ笑って許してくれたら、ナオミはいっぺんに、この先生を、園を好きになると思う。

また、「〇〇くん、あぁこの子は、三人兄弟の真ん中で、要領がよく、活発、あいさつもよくできる。しかし、あまりかまってもらっていないので、友だちに乱暴でも、本当はさみしいところもある。よって、朝のあいさつも気まぐれで、する時としない時があるが、状況に応じて、今は許すことにする」と認められると、ツッぱりのこの男の子もメロメロにやさしい気持ちになるかもしれない。

子どもの個別の事情に応じて、目標達成を弾力的に考える。子どもの成長を待って、それぞれに猶予期間を設定する。こんな工夫をすることが、「一人ひとりを大切にする」ということの意味にならないだろうか。

これは面倒なことだ。子どもと出会い、見極め、目標設定をして、それぞれの事情を、期間や内容に置き換えて考慮する。どう考えても面倒なことだ。一定の設定されたルールを子どもに押しつけて、とにかく早くできるようにと引っ張ることの方がよほど先生には簡単で楽な仕事だ。でも、その面倒なことにコツコツ取り組んでくれる先生がうれしい。「一人ひとりの子どもを大切にする」というのは、こういう発達の違いを考慮した大切な仕方もあると思うのだが。

自信のないのがちょっとうれしい

子どもを大切にするということを、こういうふうに考えて、コツコツと子どもに接している先生は、「子どもを平等に、公

平に扱っている」という、ナオミの担任の先生ほどは言い切れる自信を持っていないことが多い。けっこう自信ない。なぜなら、子どもの見極めが正しいかどうかなかなかわかりにくいからだ。猶予期間は、ひょっとしたら自分の独断かもしれない、そこに偏った見方があるかもしれない。いつもそんなことを考えているから、「こうです」なんて言い切れない。

しかし、子どもを育てるというのはそういうものだとも思う。何かマニュアルがあって、その通りにするのであれば、間違えずに、自信たっぷりになることもできるが、子育てはそんな単純なものでもない。一人ひとりの育ちは全て違う。そうなると簡単には割り切れない。逆に言えば、先生の自信のなさが猶予期間を生み出している。先生の迷いが偏った押し付け教育でない個性を育てる教育を生み出してもいる。「一人ひとりの子どもを大切にする」というのは、先生が集団の中で子どもが落ちこぼれないように、同じように育てるということでもあるし、子どもが集団の中で、自分らしく生きる場所を見つけるために、先生が応援するという意味でもある。

先生へ！

もしあなたが母親だったならば、どのタイプの先生に子どもを担任して欲しいと思うだろう。

皆と同じにできるように教えてくれる先生、平等、公平にということで集団への帰属意識をしっかり育ててくれる先生なのか。隣の子どもができていても、自分の子どもができていないことを認めてくれる先生、できるようになるまで猶予期間があって、個別の事情に理解を示してくれる先生なのか。あなたはどちらを選ぶだろう？

都合のいいことは駄目。しっかり目標を持った先生は厳しすぎると思えることもあるだろうし、待ってくれる先生は子ども寄りすぎて甘い先生と見える場合もある。全部うまい話はない。

親の気持ちになって考えてみよう。「私ならどうするか」と置き換えてみると、柔らかい心になってくるだろう。あなたがもし、「返事するのは躾としてあたりまえ」と、しっかりとした気持ちで学級を運営している先生ならば、おそらく「それほど厳しく言わなくてもいいじゃないですか」という担任をわが子に選ぶだろう。

反対に、あなたが、自分のクラスの子どもの事情を考慮して、いつまでも待つことのできる先生ならば、「時には一本筋を通して、例外は認められません」と強く信念を持った担任を自分の子どもに望むかもしれない。

さて、そんなことで思いあたることがあれば、今のあなたの反対の先生を演じてみてはどうだろう。ひょっとしたら、もっと深い意味で「一人ひとりの子どもを大切にする」ということがわかる糸口が見つかるかもしれない。

そして子どもの親の心情がより理解できるようになるかもしれない。

早生まれ

＊やっときたのね
＊期待されないほうがいい
＊聞く時間、見る機会
＊人の表情はおもしろい
＊泣けるのがいい
＊できなくてあたりまえ
＊発表しない子ども
＊ハングリーの朝
＊子どもにとって重要なこと
＊結局は同じこと

三月生まれの子どもがいる。

「早生まれのなので心配です。何をさせても、他の子どもと比べるとゆっくりしているし、身体も小さいし、ちゃんとついていけるでしょうか」

と、よく聞かれる。

乳幼児期の発達月数は、子どもの成長に目に見えて違いが出る。おおむね、早生まれの子どもは体格で見劣りがする。同じ学年でも、四月生まれの子どもと相撲をさせると、いっぺんにふっとばされる。まる一年違うわけだから、こればかりはどうしようもない。

「先生、そんなひどいこと言わないで下さいよ。それじゃ、何歳頃になるとみんなに追いついて、それほど差が目立たなくなるのでしょう」

「そうだね、小学校三年生くらい？　いや、もっとかな」

なんて、無責任な冗談を言ったりすることもあるが、確かに、半分は事実で、半分は冗談だ。相撲でぶっとばされるのは事実だが、何をしてもみんなについていくのがむつかしいというのは冗談。

私は、二月、三月生まれの子どもで、学校に行ったあともとても情緒が安定して、利発で、賢い子どもをたくさん知っている。いやむしろ、そんな子どもの方が多いかもしれない。

この項では、三月生まれ（早生まれ）の子どもの育ちのいいところをいっぱい考えてみることにする。

やっときたのね

たとえば、三歳児、二〇名のクラスがあるとする。たいてい、中心になって発言したり動くのは、四月とか五月生まれの、気のはしった、体力もある子どもたちだ。新学期の頃、先生の指示にすばやく反応できるのは、この子たち。先生にすれば、学級運営がしやすくなるから、気のはしった子どもは助かる。

先生の話を同じように聞いていても、三月生まれの子どもはなかなかピンとこない。「ああそうか」と納得した頃には、周りの子どもたちは次の行動に移っているなんてことは珍しくない。あわててくっついていくと、先生は「やっと来たのね」なんて顔をしている。三月生まれの子どもには、先生もあまり期待をしていない。「できなくてもあたりまえ」と思っている。

なんかこんなふうに書くと、ひどい先生のようだが、クラスの流れの中でけっこう自然で、特別に引き立てる子どもがいたり、切り捨てる子どもがいるわけではない。何んとなく、二〇名いれば最初の子どもから最後の子どもまで、そういうリズムというのができてくるものなのだ。

できなくてあたりまえ

ところで、この「できなくてもあたりまえ」というのに、すごい意味がある。

多くの先生は、子どもに何かをさせる時、だいたい皆ができることをさせるから、「できてあたりまえ」と思っている。先生は教育的指導をする人だから仕方ないのだが、これは子どもにとってなかなか厳しいことなのだ。なぜなら「できてあたりまえ」という気持ちからは、たとえば、仕上がりがちょっと遅くなると、「まだできないの!」という強い気持ちが出てくる。子どもにもその日の調子というものがある。調子の良い日と悪い日ってある。当然、悪い日はいつもよりできあがりが遅い。しかし、先生はいつも待ったなしだ。先生はいつも「明るく元気な子」をイメージしているから、子どもも期待に応えるのはなかなかつらい。

ところが、先程の三月生まれの子どものように、「できなくてもあたりまえ」という冷静な観方でいると、他の子どもと同じくらいであっても、できあがると「もうできちゃったの」という気持ちになるものだ。「すごい」と、素直な驚きの言葉にもつながる。

「まだできないの」とイライラした先生のゴムを思い切り伸ばすようなかかわりと、「もうできたの」と驚いてほめるかかわりでは、子どもの心の受け止め方はずい分と違ってくる。

期待されない方がいい

先生にはあまり期待されないほうがいい。親も同じことだが、期待しすぎた長男より放っておかれた次男の方がのびのびとしてたのもしいという例は、一つ二つ聞かれたことがあるだろう。

「できてあたりまえ」と決めつけられると、本当に子どもは苦しい。ずーっと背伸びをしていなければならない。時にはふざけたり、バカなことも言いたいけれど、この子どもはできる子どもと期待されていると、「あなたがそんなにふざけちゃいけないでしょう。君がみんなの模範にならなければ」と止められてしまう。これはしんどいことだ。

三月生まれの賢さは必要以上に先生に期待されず、無理に背伸びしないで、等身大でゆっくりと発達の階段を登ってこられたからということが一つ言えるだろう。

発表しない子ども

先生がクラスのみんなに質問をした時、ハイハイと手をあげて活発に答える子どもの中に、三月生まれの子どもはあまりいない。

「あなたも手をあげて、自分の思っていることを言ってね」

と、先生は発表しない子どもに誘いかける。

ところが、声をかけようとして一人の子どもの顔を見て、
「あぁ、この子は三月生まれだから、手をあげなくても仕方ないか」
と、誘いかけもそこそこになる。うるさく誘いかけられて、わかってもいないのに、仕方なく返事して、手をあげる子どもがいる。この子どもたちのほうが中途半端でかわいそうだ。というのは最初に書いた通りだが、このことにはもっと重要な意味がある。

聞く時間、見る機会

さて、声をかけられないだけ、三月生まれの子どもはゆっくりと人の意見を聞く時間が持てる。することを求められる回数が少ないだけ、人の仕事をじっくりと見る機会を多く持つこともできる。人の話をたくさん聞く時間がある。人の仕事をいっぱい見る機会がある。これらの時間や機会の積み重ねがやがて賢い三月生まれになって、結果としてあらわれてくる。

本当のことをいえば、どの子どもにもこういった時間や機会が必要なのだ。

しかし、先生はどうも、「見ている子ども」より「する子ども」を好むし、「聞いている子ども」より「発言する子ども」を認めようとする。これがおかしい。だから、積極的というより、やたらにぎやかでうるさいだけの子どもができあがる。

ハンガリーの朝

話はかわるが、一九九九年七月にハンガリーから仕事を終えて帰ってきた。ゲストホテルでの朝のことだ。

私はその日の講義の原稿を見ながらコーヒーを片手に、迎えの車を待っていた。ヨーロッパ中から大学の研究者が会議や講義に来ているので人種も言葉もさまざまだ。レストランの中はちょっと不思議な雰囲気。私の前の席では二人の男性がマジャール語（ハンガリーの母国語）で話している。もちろん、私には意味がわからない。何とはなしに、それをじーっと見ていた。

発生する音の種類が違うので、言葉で会話しているようには見えない。「言葉が理解できないというのはおかしなものだ」なんて、呑気に見続けていたのだが、そうしながら、気がついたことがある。

人の表情はおもしろい

言葉がわからない時って、人の表情や仕草を見ているということに気づいた。誰に干渉もされず、自由に人を見ていられるって楽しいものだ。

人間の表情というのはなかなか多様で、顔中にいくつぐらい筋肉があって、どれとどれを使うのか、どうやって表情というのができあがるのか不思議だ。また、目線もかなり意味がある使い方がいろいろとありそうだ。目を伏せる仕草だけで重要な気持ちが伝えられる。相手に同調する表情、目の持っていき方、あからさまにはしないけど否定している時の目の強さ、顔の筋肉の緊張。そういったことに、手の動きや、コーヒーカップをもつ仕草などが加わると、本当に多彩で、じーっと見ている私の方が目を離すことができなくなってしまう。しかも、おもしろい。興味も好奇心もつきないというのは、こういうことをいうのだろうか。

子どもにとって重要なこと

そんなことを見ながら、思いながら、子どものことを考えていた。おそらく、むつかしい言葉がまだ理解できない小さな子どもは、親が他人と話している時、こんな感じなのだろうと想像していた。

しかも、私はおもしろがっているだけだが、子どもの場合は真剣だ。見たことをどんどん吸収しているのだろう。そして学んだことは、今度自分が人と会話する時に活かされていく。同調する場合はどんな顔をして、どんな仕草をするか、否定する場合は、相手を傷つけないようにするには、どんな目の強さで、どのあたりを見るのかなんて。

子どもにとって、「見る」「聞く」というのは、重要な学習の場になっていると思う。「見てるだけ」または「聞いてるだけ」の機会や時間があるのとないのとでは、おそらく、子どもの経験の質は大きく違ってくるだろうと考えられる。

日本を離れて、ヨーロッパのこんなところまで来て、今さらながら、「ふんふん、なるほど」なんて納得しているのもあまり関心しないが、日本では経験できない新鮮な気分を朝から味わって、ちょっといい気持ちになった。

話をもとに戻すが、誰よりも早く飛び出したり、一番にすることを焦るより、みんなの流れを見届けて、てん末を確認して動くほうが余程、全体把握できる気持ちの大きな子どもに育つ。競争することだけ、一番になることだけにきゅうきゅうとして、神経質になって視野の狭い子どもに育つよりは、大きく育つ方がいいと思うのだが。

泣けるのがいい

最後にもう一つだけ、三月生まれの子どものいいところを。

期待されず、できあがりをゆっくり待ってもらえる育ちを経験してきた三月生まれの子どもは、堂々と泣いて訴えることができるのが幸福だ。

ごまかしてとりつくろうことを考えないで、まっすぐに受け止めて「困っている」ことを周りに教えてくれた。それが、ある意味で存在感になってくる。ゆっくりしているからということもあるが、先生はいつも気にして、どこか目でその子を探している。世話のかかる子どもなのだが、素直で逃げないのでかわいい、愛おしくて気になる。

「できてあたりまえ」と背伸びしてきた子どもは、自分の弱点を隠そうとする。周りの期待に必要以上に敏感になって、「困ってないよ。平気だよ」とごまかそうとする。先生も「やっぱりあなたはできるから」とごまかしを見抜けず、認めてしまう。こうなるとこの子は苦しい。泣いて訴えることができない。

泣ける子どもはいい。思い切り熱くなって泣く。そうすることで、ろうそくがとけていくように、こだわりが消えていくのだから。泣きたくても泣けない子どもはかわいそう。ちっぽけな自我にしがみついて、こだわって、周囲に気ばかりつかうようになる。泣くべきところで泣けない子どもの心の中は孤独でいっぱいだ。大人も同じ。泣けないとつらい時があるものだ。皆さんもそんな経験はないだろうか。

結局は同じこと

三月生まれ（早生まれ）の子どもについて、いいことばかり書いたようだが、もちろん困ることもある。たとえば「みんなと同じにできないからかわいそう」と手を貸しすぎて、過保護になること。自分のことを自分でしようとする意欲の育たない子どもになってしまっては困る。

さて、いろいろ書いたが、読み返してみると、三月生まれの子どものことのようだが、四月、五月生まれの子どもにもあてはまることでもあるし。結局、生れ月の違いは、子どもの育ちにさほど影響を与えないということだろうか。先生や親の子どもを観る力、接し方が問題であって、子どもの生まれ方の条件ではないということなのだろう。

早生まれの子どもを持ったご両親は気にすることはない。相撲で負けることはあってもだいじょうぶ。ちゃんと、しかるべき能力を発揮する時はやってくる。

クラスがあぶない

＊自分勝手
＊好奇心
＊不安と知的好奇心
＊自分の気持ち
＊不安
＊知的好奇心
＊相手の気持ち
＊安心できる場所

再び、がまんできない子どものこと。

がまんできなくなったら、人はどうするだろう。身近なところで、駅のホームなどで、イライラと落ち着かない人を見ると、彼らはどこか体の一部を小刻みに動かしているのに気づく。後ろ手に組んだ指をせわしなく組みかえている人もいる。子どもも同じようで、がまんできなくなると、とにかくじーっとしていられない。ウロウロと歩き廻る。寝転ぶ。やたらしゃべる。奇声を発する。物を投げる。

駅のホームで電車待ちの間ならまだいいが、これが授業中だと困る。先生の話を、ある決められた時間の間静かに座って聞く。求められた時だけ必要なことを話す。このルールがあってはじめて、学校の授業が成立する。このルールが理解できない子ども。また、わかっているけど受け入れることのできない子どもがいると、授業が成り立たなくなる。

がまんできない子どもが、伝統的なクラスという形態を破壊している。

自分勝手

じーっとしていられないで、教室を歩き廻ったり、大声を出して、授業を妨害する子どもを、わがままで自分勝手とする考え方がある。確かにそうなのだが、もともと子どもは誰でも自己中心的でわがままなものだ。自分勝手に振る舞う。がまんできない子どもだけが特別に歪んでいるというわけではない。

しかし、子どもがある年齢に達すると、好きなものを食べる、したいことをするために、待つことは充分にできるようになるのも事実だ。目的のために「待つ」時には、状況判断、かけひき、計算と、子どもながらにいろいろな思惑が働く。そうやって全体の調和を保ちながら、自分の好きにする方法を考えている。どうやって一番うまいものをたくさん食べるかと知恵を働かせている。

先生はそんな子どもの個人的な思惑を見越して、子どもが挑戦して試してくることに、ドンと構えて受けて立つ。そして、手前勝手を許さない、正しい道を教え、導く。これが教育だと思う。

自分勝手もルールを越えてはならないと、六歳にもなれば理解できるようになる。そんなあたりまえの成長に期待して、学校のルールがある。ところが、あたりまえがあたりまえでなくなってきた。子どもたちの成長発達の中で、どんなことが起きているのだろう。

不安

がまんできない子どもを見ていると、どうも不安で仕方がないようだ。しかも、自分が何に対して不安なのか、落ち着けないのかがわからない。それがまた不安を増大させている。

乳幼児期の子どもにとって、自己の確立からくる不安を経験するにはまだ早すぎる。小さい子どもの感じる「不安」は、親との身体的、精神的なからみあいから生み出されてくる。この時期だけで考えると、子どもの心の発達にとって、それは不必要なものだ。そして、不安は子どもの発達にとって意味を持つ好奇心と結びついている。

好奇心

小さな子どもは好奇心のかたまりだ。

ある梅雨明け間近い夕方に、夏の到来を予感させる大きな雷が鳴った。その時、二歳の子どもはびっくりして床から一〇センチほど飛び上がっただろう。雷は初めての経験だ。体をすくめて、顔をひきつらせて、髪の毛を逆立てて、母親のふところに、いちもくさんに逃げ込んできた。

「だいじょうぶ。あれはカミナリって言うんだよ。心配しなくても、すぐに行ってしまうからね」

と、母親は子どもを抱き寄せたままやさしく教える。

しばらくして、音が聞こえなくなった。すると、子どものひきつっていた顔に今度は好奇心がチラリとあらわれた。いたずらそうなその眼は、母親のふところをそっと出て、「あれは一体、何だったのだろう」と確かめようとして、窓から外をうかがっている。その時不幸にして再び雷の音。そのあと、さっきと全く同じことがくり返される。母親はとびこんできた子どもに、ニコニコ笑って、同じことを言って聞かせる。雷が遠くに去るまでこれを何回くり返すことだろう。

恐ろしいならば見に行かなければいい。母親のふところでじっとしていればいい。しかし、子どもの好奇心がそうさせてくれない。とりあえずふところで安心すると、これがムズムズと動き始める。そして、「あれを確かめるんだ」「絶対おもしろいからつかまえろ」と、子どもを内側から突き動かす。

知的好奇心

何ともやっかいなことだが、この好奇心が人間の子どもの学習する能力を育てる一つの大きなきっかけになっているのも事実だ。

犬や猫、そして猿や馬や鹿にも好奇心はあるだろう。しかし、彼らはおそらく、何度も雷を確かめることはしないだろう。ひたすら身を寄せ合って、自然の驚異が去るのを辛抱強く待っているに違いない。彼らと人間の子どもの決定的な違いは、「確かめ」である。「確かめ」は知性につながる。つまり、人間の子どもの持っている好奇心は知的好奇心なのだ。

不安と知的好奇心

もしここで、二歳の子どもが未知なるものに出会ってびっくりした時に、逃げ込むふところがなかったらどうなるだろう。母親がそこに居なかったら、子どもは感じた恐怖や不安をどうするだろう。

それが何度か続き、期待を裏切られることが続いたら。また、何らかの理由で、生活の中で習慣的になっていたら。子どもはとっくに、そのふところを期待しなくなってしまうだろう。

しかし、それでも毎日毎日、新しい未知なるものは次から次へと子どもにおそいかかってくる。

安心できる場所があってはじめて知的好奇心が動き始める。そうでなければ、子どもは猿や鹿と同じように、ただじーっとうずくまっているしかできない。安心して行動することではじめて、子どもの学習する機会は広がり多様になる。そうすることで、ますます知的好奇心は活発になり、学習能力は飛躍的に増大していく。好奇心を閉じ込めてはならない。

その逆の道筋をたどるとどうなるだろう。ある子どもの社会的ルールが理解で

【図７】

安心できる場所（母親のふところ）
←
知的好奇心
←
多様な行動
←
学習能力の向上

きないほど学習能力が停滞している時、たどっていくと最後に残るものがはっきりと見えてくる。それが、じーっとしていられないほどの不安な気持ちだ。子どもの知的好奇心はこの不安に左右されている。

相手の気持ち

がまんできない子どもは、人とのコミュニケーションが苦手だ。自分の気持ちを相手に上手く伝えられない。相手の気持ちを考えることができない。突然暴れ出すと手がつけられなくなる。自分の感情がコントロールできなくなる。人と上手くコミュニケーションするのは誰にとってもむつかしいことだ。できないからといって、それほど気にすることはない。

誰でも、人を傷つけた苦い思い出や、傷つけられた悔しい思い出の一つや二つは持っている。そんなさまざまな経験を積み重ねて、ジタバタとしながら、ゆっくりと時間をかけて大人になっていく。人の中で生きていくということはそういうものだ。

ところが、人生のうんと早い時期にどうしようもなく、人間関係につまづいてしまうのががまんできない子どもだ。

自分の気持ち

人の心がよみとれたら、すばらしく人間関係は楽になる。しかし、残念なことに、人の心をよめるという能力を身につけたものは誰もいない。どこにもいない。そのかわりに我々は自分の心を反省して理解する能力を発達させてきた。

この能力は他人とコミュニケーションする時、大いに役に立つ。我々は何かした時に、自分自身の行為の理由と、その結果を経験して理解することによって、他人の言うことを洞察することができる。

自分を知ることは、即ち、他人を知ることになるわけだ。がまんできない子どもは先生の言うことを理解できない。受け入れられない。クラスの授業中に、皆に了解されたルールにより何を求められているのかをよみとることができない。

がまんできない子どもは、自分勝手でわがままというだけでなく、相手を、状況をよみとれない、わからないのだ。そして、もっとも苦しくて困るのは、自分自身がわからないことだ

安心できる場所

何故、こんなことが起こるのだろう。

子どもには生まれ持った知的好奇心がある。母親のふところの中で、安心できる場所で、世界を学習していく。刺激的な経験を一杯積み重ねる。そして、その経験を自分の心に定着させ、成熟させ、より確かなものにしていく。たしかな経験は自分を内省する能力へとつながる。自分を知るという客観的な能力は相手の心をよみとる能力へと発展する。

安心できる母親のふところは他人を洞察する能力を育む、貴重な経験をする場所でもあるのだ。

不安と孤独は知的好奇心を動けなくしてしまう。子どもの内なるエネルギーは方向性を見失って、あちこち飛び散り、ひたすら子どもを衝動的、暴力的にしてしまう。それは世の中の仕組みがわからない、人の心がよめないイライラとなる。その暴力は自分自身がわからないという、自分に向けられた、自分の心を傷つける暴力でもある。そこでは、経験不足、自分を内省する能力の未発達が見られる。

がまんできない子どもを助けよう。どんな方法でもかまわない。彼らの不安を和らげる工夫をしよう。孤独から彼らを救い出そう。彼らに安心して経験できる場所を与えよう。何もむつかしいことではない。それは、「だいじょうぶだよ」と抱き寄せるふところがあればいい。彼らの失敗を責めるよりも、彼らの心の痛みに寄り添うことを考えてみよう。

親が怒っている

＊先生には許されない説明できないこと
＊子ども理解
＊保育の流れ
＊悲しい保育
＊親と先生の相互理解

あるお母さんから厳しいお叱りの手紙がきた。

「先生の言うことを聞かない子には、おやつをあげません」「静かにできない子は、四歳の赤色名札を返してもらいます」。先生が子どもにこんなことを言っていいのでしょうか？　家に帰ってから、子どもがおやつがもらえないと寂しい顔で話し、名札を返すのはイヤヤと泣きます。騒ぐ子どもに、わかるように話して聞かせるのが先生の役割でしょう。子どもをおどかすような言い方はやめて下さい。

担当している先生は、連絡ノートを持って、困った顔をして立っている。

「本当にこんなことを言ったの？」

と、わたしが聞くと、

「はい・・・言いました」

と、消え入りそうな声で返事をする。

「あらら、困ったね」

「・・・・」

「ごめんなさい、これから気を付けますと謝るしかないでしょう」

「でも……」

「それとも他に……。でも言っちゃったんでしょう」

「はい、言いました。」

「じゃしょうがない。お母さんにやめて下さいって叱られたんだから、ここはゴメンナサイしかないでしょう」

「ええ、そうなんですが……」

と、なかなか先生の歯切れが悪い。

どうやら先生にも言い分がありそうだ。でも親は怒ってるし。さて、どうしたものか。

先生には許されない

どうしようもなく子どもが聞かない時に、「言うことを聞かない子にはおやつはあげません」と言うのを、親であれば一度や二度は言ったことがあるだろう。「あなたがそうだったら、お母さんもあなたの言うことは聞きません」なんて言い方もある。子どものいる家庭ではめずらしくないことなのだが、それは親だから言えることだ。先生にはやっぱり許されない。よくないことがわかっていても、やってしまうのが日常の家庭生活であり、わかっていることをしない努力が教育になる。

保育の現場で言ってしまった先生は、やはり言い逃れできない。ここはきちんと謝って、しない努力をする約束をして、親の怒りを収めるしかない。

ところが、それだけではどうも先生の気持ちが承知しないようだ。不用意な言葉を子どもに言ったことは反省するが、「私にも言い分がある」という顔をしている。

よく聞いてみると、言い分とは次のようなことだ。

保育の流れ

保育には流れがある。騒いでいる子どもたちに、勢いの中で「言うことを聞かない子どもはおやつあげませ～ん」なんてことは、本気でなく言うことはある。子どもたちはそれを聞いて、とりあえず先生の言うことを聞いて座っているが、何となくニヤニヤして、決して萎縮して、押し付けられたような感じではない。子どもも先生の言い方やその場の雰囲気で、先生が本気でないことは知っている。保育の流れの中でそういうことはあるものなのだ。だから、私がそういう言い方をしたことは反省するが、あの時は子どもをおどかそうとしたわけではないし、子どもたちも私の気持ちをわかってくれたと思う。

お叱りをいただいた家庭の女の子については、その女の子は普段からみんなと活発にあそぶという子どもではない。どちらかといえばコツコツと一人で好きなことをしてあそんでいるタイプ。でも話しはよく聞いていて、まず間違えることはない。集まる時間に遅れたり、悪ふざけをすることは、今までにも見られなかった。だから、私はその女の子には「言うことを聞かないとおやつなし」なんて言い方をしたことは一度もない。それを言った時は、一緒にたたかいごっこをしたり、走り廻ってさわいでいる、いつもの男の子のグループに向かってなのだが……。

説明できないこと

保育の流れって一体何だろう。保育者であれば、そのあたりの雰囲気はよくわかると思う。しかし、それを説明しなさいと言われるとちょっと困る。

保育の流れの中には、多分にその先生の個性があらわれてくる。一人の先生の言葉使い、仕草、目線、子どもの反応の捉え方など、それらが総合的に組み合わさって保育がある。それを説明するとなると、どうしても自分勝手な、自分だけにわかる世界の解説のような言い方になってしまう。これでは相手に理解してもらえない。しかも、「先生の言うこと、することに文句を言うな」という独善的な態度ではもちろん通用しない。

先生の保育を何とかわかってもらえるように、伝える工夫が必要になる。

悲しい保育

ところが、説明して誰にでもわかってもらえる保育なんて、おもしろくもなんともないので困ってしまう。たとえば、同じような環境で、同じ技術で、同じテキストで保育をすればまず問題なく、誰にでもわかってもらえるだろう。しかし、子どもたちは型通りの内容で、しかも、必要以上に感情を抑制した先生に保育されたのではたまったものじゃない。

先生と子どもの、タイミングや気持ちや体のぶつかり合いがあってこそ、生き生きとした人間関係を学ぶことができる。保育に先生の個性が反映されるのは当然のことと思う。しかしながら、今回のような親とのコミュニケーションでトラブルが続くと、先生は余計なことは言わない、聞かない、見ない、とガードを固めて、誰にでもわかる問題のない保育を考えるようになる。虚勢されたかのように、自分らしい保育を捨ててしまって、親が喜ぶだけの保育を目指す。それは安全な保育ではあるが、子どもにも、親にも、先生にも悲しい保育だ。それぞれがお互いを理解して、認め合うために努力して、乗り越えなければならない課題がここにある。

子ども理解

結論めいたことから言えば、先生が反省すべき点は二つある。

一つは不用意な発言。しかし、保育のダイナミックな流れのことを考えると、これは理解できなくもない。細かい言葉使いまで気にしはじめると、先生は息が詰まって、自由でのびのびとした保育ができなくなってしまう。この先生は子どもを抑圧するとんでもないイジワルな先生ではない。元気で子どもと本当によくあそぶことのできる先生だ。あそびの勢いもあっただろうから、この点は許されていいのではないかと思う。

ところが、二つ目に問題がある。

この女の子は直接自分が言われたわけでもないのに、自分にも言われたこととして母親に話したわけである。先生は日頃の様子から、この女の子のことがわかっていたようである。それにもかかわらず、女の子も巻き込むような場面で不用意な言い方をしたわけだ。これでは配慮が足りなかったと責められても仕方がない。

こういう子どもはいるものだ。隣の子どもが叱られているのに、自分が叱られているような気になって傷ついてしまう。直接叱られた子どもは、いつものことと慣れていてケロッとしているのに、たまたま横にいただけの子どものほうがうんと気にしている。

子どもがたくさんいると、こういうことは起こるものだ。

先生はこういう可能性があることを予測しておかなければならない。そのために、毎日の生活の中で一人ひとりの子どもをよく理解しておくことが大切だ。その理解と予測のもとに「今言ったのは、こういう意味だよ」「でもみんなのことは好きだからね」「大丈夫だよ」という、子どもの気持ちを楽にさせるフォローが必要だ。そのひとことでどれだけ子どもの気持ちが救われるか。自信を回復できるか。

そのことに関して配慮が足りなかった。どの子も同じように、自分の言葉の本当の意味を理解してくれて、私の保育を支持してくれていると思い込んでいるところに落とし穴があった。

親と先生の相互理解

さて最後に、母親が子どもの言葉から何を連想したかを考えて見る。

父親のための勉強会

「○○をしないとこれをあげない」という先生の言い方から、子どもを抑圧して、気持ちを無視した一方的な管理教育を感じたのだろう。それは母親がどこかで見たかもしれないし、聞いたかもしれない。また自分がそうされたイヤな思い出があるか、自分がそうして子どもを押さえつけた苦い経験があるのか。とにかく、何らかの具体的な体験や感情経験があるのだろう。その母親の体験したことが極論で強烈であればあるだけ、この先生への批判は強くなる。親の反応から、先生は親の経験してきたことや心の中を察知することができる。それを基準にして、親との粘り強い話し合いが始まるわけだ。

とはいうものの、その基準となるものをよみとるのはそう簡単なことではない。とりあえず、自分を押し付けず、相手の話に素直に耳を傾けよう。ここでは、自己弁護には意味がない。もし、母親が多様な体験の持ち主ならば、先生の言う保育の流れやダイナミックな生活ということを理解してもらえるだろう。

先生と親が逆の立場でも同じことだ。先生の言ったこと、したことをあげつらう前に、先生の保育観や子どもに対する思いを聞いてみよう。そのことから先生が理解できる。先生の子ども観がわからなければ、保育の中での問題点も単なる一般論で終わってしまう。一般論は差し障りのない関係へと行き着く。つまり、悲しい保育へとすすんで行く。

相互理解というのはなかなかむつかしい。先生も親も自分への試練として試みてみる価値はある。

初めての出会い

＊レポートが書けない
＊心を病んでいる
＊理解するって？
＊がんばってみるか

保育歴三年目のある先生のこと。保育園に勤務して三年目、障害児を受け持つことになった。今年度は気心の知れたもう一人の先生と四歳児二六名を二人で保育する予定だった。そこに突然、園長に言われて担当することになってしまった。

最初は、先生も二人いるので何とかなると思っていたのだが、とんでもなかった。初めて見る子どもだった。むつかしい病名も初めて聞いた。私の言うことを理解できない。四歳だけど言葉がしゃべれない。勝手にどこへでも行ってしまう。大声で泣き叫ぶ、しかも長時間。薬の副作用ですぐにゴロゴロ寝る。起きているのか眠っているのか区別がつかない時もある。その上、平気で他の子どもを突き飛ばす。物は倒す、投げる。もうずーっと目を離すことができなかった。

散歩に行ったり、移動する時は、仕方なく抱っこしたり、おんぶしたりするが、重い。肩がこって、腕がしびれる。とうとう腰まで痛めてしまった。それでもその子はじっとしてくれない。指示が理解できない。

新学期から、相棒の先生とどうやって保育してきたのかをよく覚えていない。とにかく毎日夢中でやってきた。他の子どもたちが動揺しないように余計に気をつけた。クラスがバラバラにならないように、何とか工夫して考えてやってきた。そのつもりだった。

レポートが書けない

七月の終わり、一学期の子どもの発達のまとめを保護者に報告するレポート作成の時期がやってきた。受け持ちの子ども十三人分を書くのは大変だった。一人に原稿用紙三枚くらい（一二〇〇字）何日もかかって書いた。もちろん、その子のことも書いた。ようやく書き終わって、その下書きを提出して三日目、園長から呼び出された。

「Zさん、レポートのことで話があります」

レポートのことと言われて、ドキッとした。自分でも出来が良くないと思っていた。しかし、今回はどうしても書けなかった。ワープロに向かうのだが、子どものことが浮かんでこない。書きたいテーマが見つからない。思い出そうとすればするほど、焦ってうまく書けない。そんなふうだったから、「これはちょっとまずいかな」と思っていた。それでも何とか形はととのったし、字数もそこそこあったから、いけるかなという気もしていた。しかし、甘かった。

園長は、私のレポートに目を落としたまま、

「うーん、今回はあまり出来が良くないね」

「はい」

「そうか、わかってたんだ」

と、私を見た。

「ええ、書けなかったんです」

「いつも君のレポートは安心して読むことができるんだけどね。子どもをよく観察しているし、親が読んでもわかるようにきちんと仕上げている。字の間違いもまずない。しかし、今回はひどいね」

「・・・・」

「最初は手直しをしながら読んでたんだけど、途中でそれも続かなくなっちゃった」

「・・・・」

「子どもが観察できていない。テーマがはっきりしない。文章が長すぎる、それでいて何が言いたいのかよくわからない。字もやたら間違っている。はっきり言ってボロボロだね」

　情けなくて、悔しくて、涙が出た。自分でもわかっていたんだけど、こうはっきり言われるとつらかった。ポロポロ涙が出た。

心を病んでる

「○○君だね」

突然、園長が言った。

次の瞬間、思わずうなずいてしまった。

「彼のせいにはしたくないんです。でもやっぱり、振り回されていたんですね。気がつくと、他の子どものことが全く見れていないんです。書こうと思っても書けなかったんです」

これだけ言うのが精一杯だった。

「○○君の様子はどう?」

と、園長が聞く。

「少しは落ち着きました。でもはっきり言って、どう接していいか、病気を克服してどう伸ばしてやったらいいのか、まだわかりません。ずーっと目を離すことができはないのでとても疲れます」

「うん、そうか」

「とにかく提出の日が迫っているから、レポートは仕上げなさい。だいたいのポイントは書き加えといたから、今回はやりきることだけ考えて、清書しなさいね」

「はい」

「それで彼のことだけど……。彼の病気のことや、四歳までの育ちの経過のことを考えると、二～三ヶ月で病気が治って、正常な発達をとり戻すということはむつかしいと思うんだ」

「はい」

「四月に受け取った医師の診断書にも複雑な病名は書いてあったけど、具体的な治療法までは正確には書かれていなかった。彼をどう治療するのか、今のところ、正直、誰にもわからないんだよ」

「それじゃ、ますますどうしていいかわかりません」

「まぁ聞きなさい。たとえば、子どもが自家中毒になったとする。医者にそう診断されても、これはウイルスや菌の病気じゃない。自家中毒を治すために薬を飲ませ続けることはあまり意味がないんだよ。大抵、自家中毒というのは、親が子どもに優しくして、介抱することで治っちゃうんだよ。あれは心の病気みたいなものだ」

「彼の病気は心の病気だということですか？」

「いや、彼の場合は、はっきりとした先天性の医学的な治療の必要な病気だ。でも、半分くらいは心も病んでいるかもしれないね」

「ええ、そういえば、彼の母親は言うことを聞かないとすぐにひっぱたきます。彼には理解できないんだと思うのですが、ちょっとかわいそうです。それに、友だちとあそぶ楽しさもまだ知りません」

「うん。ということは、はっきりしない治療法で思い悩むより、彼の病んだ心のことを考えて、彼を少しでも理解しようとすることが、今は大切なんじゃないかな」

理解するって？

「彼を理解するって、どういうことですか？」

「そんなにむつかしいことじゃない。彼にとって、何がうれしいのか、何が悲しいのか、どんなことがしたくて、どんなことがイヤなのか。泣いたとしても、どれくらい悲しいのか。顔の表情、ちょっとした仕草で、何を思っているのか。そういうことがわかるだけいいんだよ」

「それは…、だいぶ、わかるようになりました」

「そうそう、四月の頃に比べると、だいぶわかってきたよね」

「はい、泣いている時も、今だとちょっとくらい待ってもいいかと思える泣き方がわかるようになりました。先日、公園でたまたまシーソーをした時、今まで見たことのないような笑い方をしたので、こういう体をゆするあそびが好きなんだと思いました。その時は園に帰りたくなくて、ずーっとシーソーをしてはしゃいでいたんです」

「うん、うん。そういうのが大切なんだよ。初めて彼に出会った時、螺旋《らせん》階段をクルクル回って大泣きしていたよね。その時は、彼の気持ちがわからなくて、みんな本当に困った。でも今は、彼の気持ちのいろいろなことがわかるようになってきた」

「はい、いつの頃からかわかるようになりました」

「それはとても大切なことなんだよ。この四ヶ月は大きな意味があったということだ」

「でも、他の子どもたちのことはよく見えていませんでした」

「そうか」

「ですから、レポートも書けませんでした」

　やっぱり、彼のことに精一杯で、周りのことが見れていなかったとつくづく思った。クラスの子どもたちに申し訳ない気持ちで、情けなかった。

「せっかちだなぁ、まぁあわてるなよ。何が結果かまだわからない。一生懸命やっている二人の先生を見て、他の子どもたちが何を感じたのか……。反面教師という言葉もある。これからだよ」

　私には園長の言うような気持ちにはとてもなれない。反面教師だなんて、ちょっと呑気すぎる。

「園長として言えば、君たち二人はしっかりクラスをまとめて、ここまでよくやってきたと認めるよ。クラス全体に対して、きちんと責任を果たしている」

「・・・・」

「ここは辛抱の時だよ。たった一人の子どもに、自分が今までやってきたことがボロボロにされてしまったわけだ。でも、そこから次の可能性が出てくる。君と相棒のもう一人の先生は、今一つの大きなハードルを越えようとしている。ぐーっとふんばる時だ。彼は君たちにとって、とても意味のある子どもになるかもしれないよ。でもそれは、ずーっと後になってわかることだ。今は辛抱の時だ」

がんばってみるか

そう言われても、何をどうしたらいいかは教えてもらえない。それを言ってもらえたらもっと気が楽になるだろうが、この園長はいつもそうだ、宿題ばかりだして答えをくれない。

まぁそれでも、自分で気にしていたほどは、クラスの状態は悪くないと言ってもらえたのは私には救いだ。それに、○○君の気持ちが理解でき始めていることも確かだ。ちょっとした表

情の変化や、言葉はしゃべらないが声の出し方で、「あっ、次はこうしたいんだな」ということがいつの間にかわかるようになってきた。

どう伸ばしてやったらいいのかはまだよくわからない、こんなことでいいのかという焦りもある。園長は意味のある子どもだ、ハードルだ、辛抱の時だと言うが、本当だろうか。気持ちはまだスッキリしないけれど、不安に思っていたクラス全体のことなど、はっきり言ってもらったことで、受け入れることができた。

相棒の先生が信頼できるので、もうしばらく一緒にがんばってってみようと思う。今日もレポートのことで園長に呼び出されたことを気にしてくれている。自分のことのように心配しているだろう。とにかく早く報告しなくちゃ。それにしても、レポートの清書の日は待ってくれないんだから、園長は励ましているようでいてひどい。今夜またがんばらないと。あーあ。

実習生が困っている

大学四年生で自主的に実習に来ている学生がいる。単位取得の教育実習でなく自分で決めて勉強するなんて、なかなか感心な学生だ。春に続いて二回目の秋だが、熱心なだけにいろいろと課題を持って来ている。「子どもどうしのかかわりで、いつ、どのように注意をしたらいいのか迷う」と言う。たとえば、オモチャの取り合いでけんかになった時、止めていいのか、様子を見たほうがいいのか。また、「いけないことをいけないと、どのように教えたらいいのか」と真剣に考えている。子どもと実際に接すると、悩みは尽きないようだ。

呼び捨て

先日は、子どもに呼ばれたことで、困った顔をしていた。ある子どもが、大学生の名前を呼び捨てにしたと言う。

「私はそんな時は返事をしないようにしています」

「どうして？」

と、聞くと、

「私はまだ先生ではないですが、そんな呼び方があたりまえになってしまったら、先生に対して失礼です。それに、学校に行ってから困ると思うんです」

「それは、そうだね」

「・・・・」

どうやら、まだ何か言いたそうだ。

「でもこの間、子どもたちが小田先生のことを、『オダー』と呼び捨てにしたんです」

「フン、フン」

「でも、小田先生は注意するどころか、ふり向いて笑って返事をされたんです」

「アラ、アラ」

「私はどうしたらいいのかわからなくなってしまって……、やはり呼び捨てにされても、返事したほうがいいのでしょうか?」

「そうか、それじゃ、小田先生に直接聞いてみようよ」

というわけで、手が空いたら来るように伝えてもらうと、まもなく本人が現れた。

小田先生の場合

「……そんなわけで、実習生が迷ってるのだけど」

「えっ、はぁ。そんなところ、見られちゃったんですね。時々ですが、子どもは私のことを呼び捨てにすることがあります。『オダー』なんて、語尾をのばして……。でも、私はあまり気にならないんです。先生をバカにしているとか、失礼だとも思いません。むしろどちらかというと、親しみを持って…ということかなと感じています。もちろん、グループレッスンなど、きちんとしなければならない時は、訂正して、注意します。でも、おおむね子どもたちは上手に使いわけているようなので、安心しています」

「ありがとう」

と、私は実習生の方を向いて
「どうかな、納得できた？」

と、聞くと、

「ええ、でもそれは小田先生がベテランの先生だからできることだと思います。私には注意するタイミングもまだよくわからないし、きちんとするべき時はきちんとさせるという自信もないです。上手くいかないと、子どもに悪い影響を与えるんじゃないかと心配です」

と、まだ歯切れが悪い。

「それじゃ、新しい先生に聞いてみよう。まだ仕事を始めて六カ月の溝口先生。溝口さんはどこかな？」

溝口先生の場合

入れ代わって、溝口先生が何だろうという表情でやって来た。

「先生はどうしてる？　『ミゾグチー』なんて、子どもに呼ばれたことあるよね」

「ええ、あります」

「そういう時、返事する？　しない？」

「えぇ……、しています。子どもと一緒にあそんでいる時、よくそういうふうに呼ばれます。最初は気になって、私はまだ先生として認められていないんだとちょっと悲しい気分にもなったんですけど……、どうやらそうではないみたいで、子どもとより近くなると、そう呼ばれることに気がつきました。それに、集まって私が話をする時には、下手な私の話も一生懸命聞いてくれるので、そういう時って、自分なりに先生してるんだと、緊張しますし、子どもが、先生と認めてくれているんだとうれしくなります。ですから、あそんでいる時に、『ミゾグチー』と呼び捨てにされるのはあまり気にならなくなりました。でもやっぱりよくないんでしょうか。きちんと『〇〇先生』と呼ばせた方がいいのしょうか？」

と、溝口先生は心配気な顔で聞いてきた。

「いやいや、そういうことではないんだよ。ちょっと確認したかっただけなんだ」

違いがある

ちょっ困った顔で、溝口先生が行ってしまってから、

「ベテランの先生も若い先生も、あまり気にしていないようだね。どうだろう」

と、実習生にたずねると、

「それじゃ、やっぱり、子どもが私の名前を呼び捨てにした時も返事しなければならないのですね」

と、思い詰めたように言うから、

「待った、待った、そんなことはないよ。ある意味では君は正しいんだから。子どもたちにきちんと躾をする、けじめをつけさせるという意味では、先生を呼び捨てにするなんてもってのほかだからね。でも、どうもそれだけではなさそうだ。さっき聞いた二人の先生と君とは、何かしらちょっと違いがあるようだ」

受け皿

「君はいけないことはいけないと教えるという、きちんとした指導を子どもにしようとしているんだね。正しいことを教える、導く、これを基本として、子どもを観ている。これは君の子ども観だ。子どものきちんとしないさまざまな行動（問題行動）は、その子ども観を受け皿としてのっかっているわけだ。先程の二人の先生にも、同じように受け皿があるんだけど、それがちょっと違うようだ。のっかっている子どもの問題行動は同じだけれど、受け皿が違うと、解釈も対応も違ってくる」

「小田先生の受け皿って何なんでしょう?」

「うーん、やっぱり本人に直接聞いてみないとわからないんだけど、おそらく、君が考えているほど、きちんとしたことは意識していないと思うよ。」

「どうしてですか?」

「二人とも先生なんだけど、小さな子どもたちと一緒にいると、先生を一生懸命やっても、うまくいかないことが多くてね。それよりも、一緒にザリガニをとりに行く仲間とか、並んでご飯を食べる友だちとか、それでいてトイレに失敗した時など、こっそりと助けてくれるお母さんとか。そんなふうなかかわりのほうが、子どもが心を開いてくれるんだよ」

「それはわかりますが、それだけじゃ躾にならないし、教育にならないんじゃないですか？」

「そうそう、君の言うことは、本当にそのとおりだよ。全く正しい。我々はただ子どもを安全にあそばせているだけじゃないんだからね。きちんとした目標、年齢に応じたねらいを持って教育しているわけだから」

君のものじゃない

電話を一本して、少し考える時間を作ったのだが、実習生は認められているのか、拒否されているのか、まだ腑に落ちない顔のままでいる。

「さて、それじゃ、受け皿の話に戻るけど、君の子ども観、子どもの見極めの基準にしている受け皿は、本当のことを言うと、それは君のものじゃないんだよ」

「どうしてですか？」

と、実習生は若者らしくちょっと気色ばんで聞いてくる。

「だって考えてみようよ。いけないことはいけないときちんと指導する。学校に行ってから困るなんて、別に君から聞かなくても、先生と名のつく人なら誰でも同じことを言う。目の前の机に何冊か本があるだろう、どこを開いても同じようなことが書いてあるよ」

自分だけの受け皿

「君の言うことは正しい、間違っていない。だから、ちょっと困る時がある。誰でも同じというのが、子どもにはわかりにくい。みんな正しい先生ばかりだと、子どもたちは迷ってしまう、生身の先生が見えない。自分がどこを頼りにするのかわからなくなってしまう。子どもとかかわる時は、正しく導く前に、本当にかわいがる、ありのまま受け入れる、違いを違いのまま認める、こんなことがとても大切になる。小田先生や溝口先生はありのままを受け入れるという、それぞれ、自分らしい受け皿を持っている。それは誰とも同じではない。自分だけの受け皿だ。だから最初から、こうしてはいけないと考えないで、まず受け入れて、判断する。それから、見守るところと、指導するところをえらんでいる」

「何んとなく、わかるような気がします」

と、ようやく実習生の表情が穏やかになってきた。

決まってるわけじゃない

「先生と子どもの関係って、最初から決められたことがあるわけじゃない。出会って、生活して、一緒にいろいろな経験をしながら、関係が生まれてくるわけだ。その途中では必ずしも協力的なことばかりでもない。ぶつかりあうこともあるだろう。クラスの中で、先生と子どもがそういった様々なことを体験しながら関係ってでき上がってくるものだよ。最初から用意されている、先生とか子どもという、それぞれの役割をどれだけ上手に演ずるかというのとは違うと思うんだ。形にとらわれない、ダイナミックなかかわりの中で、役割以上のより深い絆ができることもある。それが、たとえば先生をバカにするのでない呼び捨ての言葉に表れると考えたらどうだろう。少なくとも、小田先生も溝口先生も、先生と子どもという固定的な関係を最初に設定していたわけではなさそうだ。子どもと一緒になって良い関係を築こうとしていることは間違いないと思う」

素直になって

大学で勉強したことと実際の現場での仕事は微妙に、また大きく違うことがあるものだ。基本的な子どもの教育観をもとにして、自分らしさを持つことは簡単なようでむつかしい。でも、意欲があって、問題意識を持って、素直に考える力があれば、やがて、誰でも自分の受け皿を持てるようになる。

この実習生は、最後の日にあいさつに来て、実習レポートを置いていった。そこには次のようなことが書かれてあった。

「こうでないといけないという理由はない。いつもいつもイイコちゃんでいるのは疲れる。その場に応じて切り替えのできる、そんな柔軟性のある子どもに育てる……」

「うん、うん、なかなかいい調子だ。でもこれって、子どものことかな？　それとも自分のことかな？」

スイミング教室はいやだ

＊好き嫌いは好みの問題か？
＊「心」のAとBの部分
＊むつかしくないが苦手
＊コントロールできない感情
＊AとBのバランス
＊「心」が受け入れる
＊Aの部分が受け入れたこと
＊Bの部分の働き
＊感情世界が未発達

四歳の男の子が、保育園で英語教室を始めたところ、ひどく気に入って、毎週楽しみにするようになった。

「お母さん、今日は英語の日？」

と、朝になると母親に聞く。

「英語は水曜日、明日だよ」

と教えると、がっかりした顔で登園する。水曜日は朝からとても気嫌良く出掛け、帰ってきてからも、その日習ったことを一生懸命母親に教えてくれる。

ところで、園では以前からスイミング教室も行っていた。近くのスイミングスクールのバスが迎えに来て、週一回、四五分のレッスンがある。いくつかの課題があるが、その子はわりと何でもよくできる子どもで、簡単にクリアしてしまっていた。

ところが、本人はスイミング教室は「いやだ」と毎朝ブツブツと母親に言う。

「お母さん、今日はスイミングある？」

「えーっと、そうそう今日は木曜日だからスイミングあるよ」

「えーいやだなぁ。行きたくない」

「でも上手にできるって、先生もコーチもほめてくれたじゃない」

「いやだ、スイミングはきらい」

と、毎木曜日は、朝からひともめして出掛ける。

好き嫌いは好みの問題か？

お母さんは、その違いがあまりにも大きいので、心配して相談に来られた。

うちの子はどうして、英語はいいのですが、スイミングはいやがるのでしょう。もともと体を動かすことはそれほど好きではありません。兄弟がいませんので、一人で本を読んだり、絵を描いたりしてあそぶほうが好きです。教えたわけではないのですが、字もいつの間にか覚えて、自分で読むことができます。保育園でも、外であそぶより部屋の中にいることが多いと聞いています。でも、以前からしているので、スイミングは慣れているし、先生の話では、よくできているということです。だから、いやだということの意味がよくわからないのです。

好き嫌いは単なる好みの問題とも思える。それであるならば、何も心配することはないのだが、どうやらそれだけでもなさそうだ。いろいろな可能性を探りながら、「心」の動きを中心として、その原因を考えてみよう。どんなことでもそうだが「好きだ」というのは、自分の「心」がそれを気持ち良く受け入れるからだ。そこで、最初に英語が好きだということこの子どもの「心」が、英語のレッスンを喜んで受け入れた理由をいくつか考えてみる。

「心」が受け入れる

まず、英語のレッスンがこの子どもにとってよくわかるからだろう。聞いて、考えて、イメージがしやすい。一人で本を読んだりできる子どもだから言葉の世界には親しみもあり、それを理解するおもしろさも知っているのだろう。子どもだから聞き慣れない英語の発音にも興味を持ったのだと思う。レッスンが楽しいことが、好きだという一番目の理由だと思う。

次に、言葉というのは記号のようなものだから、いつも同じ意味を持つ。一つの言葉がある日突然違った意味に変わるということはない。「Dog」は「イヌ」と訳され、いつでもそうだ。今日は「イヌ」だけれど明日になれば「ネコ」になるということは絶対ない。習ったこと覚えたことはいつも同じで、それをくり返すことで子どもの「心」には変わらない安心感が持てるようになる。覚えたことを確かめ、なぞることで成功感もあり、落ち着くのだと思う。

さらに、

① 質問に答えることによって先生にほめてもらえる。

② ほめてもらうことで子どもの「心」の中に自信もできてくる。先生とのコミュニケーションも好意的になる。

そして、

③　自分がうれしくなって気に入ったことは、ますますしようとするのが子どもだ。

以上、三点ほど主な理由を考えてみた。

「心」のAとBの部分

①　理解できるおもしろさを知っている。
②　答えに迷いのない安心感。
③　ほめてもらえる自信。

以上は、英語のレッスンに対して、子どもの「心」が喜んで受け入れたことだ。この「心」の部分を仮にAとする。

ところが、図8をみてみよう。「心」はAだけではなく、Bの部分もあるのだ。（わかりやすくするために、AとBで表したが、こんなふうに単純にはわりきれないこともある。）

この子どもは「心」のAの部分が受け入れて、英語が大好きになった。ところが、スイミングはイヤダと言う。どうやらスイミングはAに受け入れられず、心の別の部分、つまりBにもぐりこんでしまったようだ。

【図8】

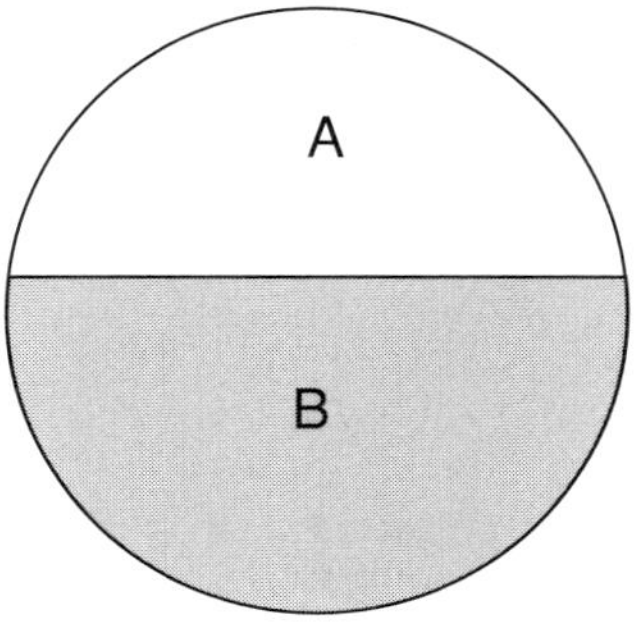

Bには何があるのだろう。次にそれを考える。

Aの部分が受け入れたこと

小さな子どものするスイミング教室に、それほどむつかしい課題はないと思う。まだまだ水に慣れる段階だから、楽しくあそべるようにレッスンも工夫されている。よく考えてみれば、スイミング教室も英語と同じように、コーチの言うことをよく聞いていればできることだ。

それでも初めの頃、むつかしくはないのだが、子どもが苦手な「顔つけ」ということがある。息をとめて、水の中に何秒か顔をつけるが、これがけっこう苦手な子どもがいる。この男の子も顔つけは苦手だった。

スイミングのコーチも、そのあたりはとてもよくわかっている。そこで、まずプールサイドで、子どもたちのお互い顔が見えるところで息をとめる練習をする。最初はたった五秒だ。コーチの合図でみんな一斉に息をとめて「一　二　三　四　五」とやってみると、ほとんどの子どもが難なくできる。中には一〇も二〇も数える間、息をとめていられる子どももいる。

コーチが、「はーい、みんなできましたね」と聞くと、

子どもたちは、口々に、「できた、できた」「ぼくは一〇までとめられた」「私は一二まで息とめてた」とにぎやかだ。この男の子も一〇も二〇も数えて息をとめることができた。「ぼくもできるぞ」と自信を持ったことだろう。

息を一〇数える間とめることができない人は、まず健康体であるならばあり得ないだろう。誰でもできる簡単なことだ。おそらく子どもたちにもできる。

先程の図8を見てほしい。ここまでは「心」のAが働く世界だ。「一〇数える間、息をとめている」ことは聞いて理解できるし、実際に間違えないですることもできる。そういう意味では大好きな英語の教室と同じで、「心」のAの部分がスーッと受け入れてくれる。

むつかしくないが苦手

やがてコーチが「よーし、それではプールに入って、顔を水につけて五数えてみよう」というわけで、ガヤガヤとプールに入る。そして、「よーい、はじめ」で顔つけをする。

ところが、たった五なのですが、水につけるとなると、これが簡単にはできなくなってしまう。ちょっと顔をつけただけでガバッと顔を上げて「ハァハァ」息をする子どもがいる。水に顔をつける前に水を見ただけで、すでに息苦しくなってきてしまう子どももいる。

プールサイドでなら全員できたことも、水の中に入ると、できる子どもがうんと少なくなってくる。みんな顔を両手でこすって苦しそうにハァハァとやっている。それを見ていると、「顔つけ」はやり方を聞いて、息とめの練習をして、むつかしいことではないのだが、子どもにとって何やら苦手だということがよくわかりる。

なぜ、こんなに違うのだろう。プールサイドと、プールの水の中と、ほんのわずかしか離れていない。この二メートル程の間に、子どもにとってどんな越えにくいハードルがあるのだろう。

以上のことを整理すると、心の中のAとBの働きを、次のようにまとめることができる。

A——意識（むつかしくない）——プールサイド——知識——記号

B——無意識（苦手）　　　——プールの中　——感情——(象徴)

前程の図8と合わせてみると、一連のつながりが、心の働きと関係していることがわかるだろう。

（この中では、まだ象徴については触れていない。このことは、別の機会に述べることにする）

Bの部分の働き

プールサイドでしていることに動いているのが、心のAの部分であるとしたならば、プールの中でできなくなってしまう時には心のBの部分が働いている。

「わかっているけれど、できない時」にBの部分が、その子どもの「心」を大きく支配しているのだ。だから、「むつかしくはないけれど、苦手」ということになる。Bは理屈では割り切れない、納得できない感情世界のことだ。たとえば、「水の中で息をとめて五数える」なんて理屈で考えれば簡単にできる。実際、プールサイドでは二〇だって息をとめられたんだから。ところが、プールの中ではそれができないのは、理屈を押しやって別の気持ちが心にわきあがってくるからだ。「心」のAの部分にBの部分が侵入してきて、Bが「心」一杯に広がってしまう。

それでは、理屈では割り切れないものって何だろう。

それは、水に対する恐怖や、顔をつける前のためらい、つけた時の不安など、いろいろな感情のことだ。感情が理屈でコントロールできなくなった時、「わかっているけどできない」ことが起こる。

コントロールできない感情

たとえば、母親が子どもが言うことを聞かないので叱る。それで素直になれば問題ないのだが、それでも聞こうとしない時、もう一度叱る。それが三度、四度と続くと、冷静に叱っていたはずがだんだんおかしくなってきて、母親はとうとうプツンと切れて爆発してしまう。爆発は怒りのことだ。こうなると、母親にも自分の感情をとめようがなく、「この間も……」と、以前にあったことも持ち出して、さんざんあたり散らす。しかし大抵その後で、「あーまたやってしまった。あんなに叱らなくてもよかったのに」と反省をするハメになる。こういうことは珍しくない。

それでは、叱ることから怒りの爆発までに、どんな心の動きがあるのだろう。この場合も同じように、冷静に叱る時は「心」のAの部分が動いているのだが、我慢できなくなって爆発した怒りは「心」のBの部分が、Aの部分に侵入してきたと考えていいだろう。侵入してきた怒りをコントロールするのは簡単なことではない。

そこで、「わかっているんだけど、気がついたら、ついつい叱りすぎちゃって」ということになる。

感情世界が未発達

さて、先程の子どもの話題に戻る。

特別な問題のある子どもではなさそうだが、お母さんが心配されている「英語は好きだが、スイミングは嫌い」ということの意味は、次のように考えることができる。

この子どもは感情世界（Bの部分）が未熟のようだ。理屈でわかる世界（Aの部分）に依存しすぎて、全てをそれで簡単に割り切ってしまおうとする生活態度には気をつけなければならない。

もっと子どもらしい、ダイナミックな生活を用意してやったほうがいいだろう。それで、うれしいこと、ガッカリしたこと、ハラハラすること、ドキドキしたこと、腹が立った怒り、どうしようもない悲しみ、そういったたくさんの感情を経験する必要がある。

自分の予測できないこと、未知なることに対して、頭の中での計算だけでは対応しきれない。思いきってとびこんでみて、そこから何かを発見する大胆な好奇心も時には必要だ。

子どもの「心」のAとBの部分はバランスがとれてはじめて、安定しておだやかでいることができる。また、そのことで正常な発達が期待できる。

AとBのバランス

Aが強すぎると好奇心や探索行動が伸びなくなって、自分で発見することや、工夫する楽しみが経験できない。そして、未熟な感情世界では自分の気持ちを相手にうまく伝えることができない。相手の気持ちが理解できない、一人よがりとなって、人間関係がうまくいかなくなってしまう。

逆にBが強すぎると物事を筋道を立てて考えることができない。考え方に論理性がなく、すぐに感情的になってしまい、気まぐれ的な情緒、起伏の激しさに、周りの人を困らせてしまうようなことも起こる。

また、Aの部分とBの部分は、ちょうど半分ずつというわけではない。一人の人の「心」に占める割合で、Aの部分の多い人もあればBの多い人もある。それは同時に、その人のものの考え方、感じ方などにつながり、それぞれの割合の違いは価値観の違いとなってあらわれる。

境界線のこと

さらに、Aの部分とBの部分の境界線がしっかりとしている人と、あやふやな人がいる。しっかりとしている人は自分の意見を持ちゆるぎない自信を持ちうるのだが、どちらかというと、常識的、一般的、道徳的すぎる傾向があって、人間性としてはおもしろ味に欠ける。

境界線があやふやな人は困る。意見がコロコロ変わって周りに迷惑をかける。何が本音かよくわからず、信用されないようなこともある。しかし、発想法が愉快で、テンポもとても速く、柔軟性があるので、捨て難い魅力を感じる場合もある。

いずれにしても、くり返すが、バランスの問題なので、どちらがよいとか悪いとかということではない。自分らしく、バランスのとれた心の状態が保たれるようであれば、AとBの割合がどうであっても全然問題にならない。

「心」のことについてちょっと広く考えすぎたので、これくらいで終わるが、英語教室は好きだけれどスイミングは嫌いという子どもには、単純に好みの問題とだけ片付けるのではせっかくの子ども理解のチャンスを逃してしまう。いろいろな角度から子どもを考えることによって、子どもの持っている課題を明らかにし、バランスの良い子育てにつなげたいものだ。

子どもをほめるのはむつかしい

＊15秒待つ
＊心情・身情・事情
＊対等でない評価の言葉
＊心情に意味がある
＊別の理由がある
＊パチンと目が合う
＊「お利口さん」はほめ言葉？
＊ありがとう
＊忍耐比べは立派な教育
＊努力目標

一五秒待つ

大学で教える日々、後期の授業の最初の日に、教育実習に行った感想を学生にレポートさせた。その中に、次のような内容のものがあった。

　幼稚園実習に行った時のことです。
　五歳の男の子が私に「見ててな」と言い残して、どこかへかけ出して行った。建物の角を曲がってしまったので姿が見えなくなった。どうしようかと思ったが、「見ててな」と言われたので待つことにした。ずーっと立っていると、やがてその子は角を曲がって姿を現した。自分の決めた地点まで走ってもどってきたようだった。その子の、私を見つけた時の目の輝きを私は忘れることができない。

　なかなか帰ってこなかったので、迷いながらも、待とうと決めた時、私は赤西教官の「保育の中で、あと一五秒、待つことができないか」という言葉を思い出していた。待っていて本当によかったと思った。もしあの時、私がどこかへ行ってしまっていたら、その子はどんな思いを味わっていただろうか。

たったこれだけの出会いなのだが、この学生は、子どもとのかかわりということに関して、とても貴重な体験をしたと私は思う。

よい先生というのは、こういった子どもとの信頼につながるボールの投げ合いをたくさん経験して、愛情を持って、子どもを深く理解できる先生を言う。決して、「教え上手」のみが先生としての高い評価にはならない。そういう意味で、多くの学生を見ていると、「この学生はいい先生になれそうだ」「この学生は、ちょっと子どもを引っ張り込みすぎるかな」などということがわかってくる。不器用でも一生懸命で、子どもの目の高さで物事を見ることのできる先生は必ず信頼されるいい先生になるだろう。

パチンと目が合う

昨日も園の部屋の中で、私は落ちていたティッシュを拾って、そばを通る子どもに頼んだ。

「ゴミ箱に捨ててきてくれる?」

その子どもは、黙ってそれを受け取ると、ゴミ箱を探している。そしてティッシュを捨てに行ってくれた。子どもはティッシュを捨てると、ほとんど例外なく、クルリと振り向いて、頼んだ私を目で探す。勿論、私も彼(彼女)を目で追っている。

その時、お互いの目がパチンと合う。こちらが笑いかけたり、うなずいたりして合図を送ると、なぜか、子どもは照れくさそうに目をパチパチさせる。頬が赤くなる子どももいる。

また給食の時、私は園にいる時は、いつも子どもの横で食事をする。食事の後、片付けている子どもをさがして、私のお皿も片付けてくれるように頼む。このお願いは失敗したことがなく、どの子どもも私のお皿をきちんと始末してくれる。そして片付け終えると、先程の例と同じようにクルリと後ろを振り向いて私を見る。私の目とパチンと合うと、それで満足して何事もなかったかのように給食室を出て行く。

ゴミの場合も、給食のお皿の場合も、ほとんど会話らしい会話はない。行為の後にパチンと目が合うだけだ。私はそれまで待っている。即ち、一五秒待っているわけだ。それが何を意味しているか、想像してみてほしい。もし、子どもが振り向いた時、私がそこにいなかったり、他の子どもに気をとられていて、子どもの目と合わなかったりした時、子どもは何を感じるだろう。

心情・身情・事情

私の「お願い」は、ほとんどの子どもが黙って受けてくれる。

時々、「園長の言うことだからしょうがないか」としぶしぶやってくれる子どももいる。そういうことは雰囲気でわかるものだ。その時は、子どもは絶対に私の方を振り向かない。やりっぱなしで、そのままどこかへ行ってしまう。逆に、私はそのことから子どもの心の中をよみとることができることもある。「あぁ、私はこの子に信頼されていないんだ」と。

本当に、人間の気持ちというものはおもしろいものだ。心情・身情・事情という言葉がある。まさしくそのとおりで、体の動きは、その前に「ある心の動き」を伴っている。しかし、目に見えるのは体の動きなので、そこで判断してしまう。大切なことはその行為の動機となる心のありようを感じること、そして、理解する力、洞察する力を持つことだ。

「お利口さん」はほめ言葉？

私と子どもの目がパチンと合うことの意味は何だろう。私自身がその気持ちを言葉で表すならばどう言うだろう。

大人が子どもに何かを頼む時、それは何でもいいのだが、洗たく物を取り入れる、玄関の靴を揃える、食事の準備をする、何か物をとってくる、簡単な買い物など、子どもがそれに応えてくれた後、その行為をほめる言葉かけをする。

たとえば、「お利口さん、えらかったね」というように。勿論、子どもは親や先生にほめられるのは大好きだからうれしそうにする。

ところが、子どもをほめているはずのこの言葉に、私自身はどうも馴染めない。私は「お利口さん」という言葉をあまり使わない。その理由はいつだったか書いたことがあるが、ここでもう一度くり返しておく。

対等でない評価の言葉

たとえば、皆さんが何か頼まれる。それをする。終わってから頼まれた相手に「お利口さん、えらかったね」と言われたらどうでだろう。何かスッキリとしないものがあるだろう。それは、お互いが対等でないと感じるからではないだろうか。頼んだ側、頼まれた側が対等でなく、むしろ頼んだ側には「これ頼んで大丈夫かな？　うまくやれるかな?」という、信頼できないものがそこにある。

頼まれた側は、「これくらいできてあたりまえ」と思っているのに、そこで「お利口さん……」という言葉で自分が過少評価されていたことに気づくという案配だ。自分が過少評価されている、これでは素直にお手伝いをする。頼まれたことをこなすということにはなりにくい。

また、躾としてやらせる、道徳的に教えるためにやらせるという意図が、やらせる側に明らかに見えている場合も素直になれない。これは、大人も子どもも同じことだ。

自分の気持ちに問いかけてみよう。

もし、子どもだから躾としてやらせるのは当然。大人の問題と一緒にするのはおかしいと思われる方は子どもに関して勉強不足だ。子どもだから教えてやらねばならないこと、子どもといえどもきちんと向き合って対等に認めてやらねばならないことを混同している。

もし、私が頼んだティッシュをゴミ箱に捨ててくれた時、給食のお皿を片付けてくれた時、「お利口さん、えらかったね」と少しばかり大袈裟に子どもをほめたとしたら、子どもは私に何を感じるだろう。おそらく、それ以後、子どもは私にほめられたくて、私のお願いを聞いてくれるだろう。

また、「お利口さん」は評価していることだから、私の前では要領良く、賢く振る舞うことを覚えていくだろう。そんな、本音がどこにあるかわからないような子どもを、私は望まない。しかし、この少しばかり大袈裟にほめるというのは、先生や親がよくやることなのだ。勘違いのないように付け加えておくが、子どもをほめるなと言ってるわけではない。子どもをほめて育てるのは、叱って育てるよりも何倍も意味のあることだ。

しかし、それが子どもの心に届いているかどうか、子どもが求めているものは何なのかを考えると、「お利口さん、えらかったね」という、ほめ言葉だけではすまないと思うわけだ。

ありがとう

それでは、お手伝いを頼んで、それを気持ちよくしてくれたことに対して、子どもとの信頼あるコミュニケーションをするためにどのような言葉かけが考えられるだろう。

それには「ありがとう」というすばらしい日本語が用意されている。子どもに向かって「ありがとう」と言うことと、「お利口さん、えらかったね」と言うこととは、随分意味が違う。そして、感じ方も違う。

「ありがとう」と言うのは、対等の関係で交わされる言葉だ。子どもだから大人だからというのでなく、お互いが対等の関係でしてくれたことに対する感謝を表す言葉だ。

また「ありがとう」と言うのは、評価の対象になる言葉ではない。ほめるというのはそこに評価の基準があって、子どもはその基準によって選別される。つまり、「できるのはいい子、できないのは悪い子」というように。

「ありがとう」という言葉は、もっと自由で柔軟性のある言葉だ。対等であって、しかも評価の対象にならないということが、子どもを素直にさせる。自分が認められているという自立した意識もそこに生まれる。

今日から園や家庭で、子どもが頼んだことをやってくれた時、さりげなく「ありがとう」と言ってみよう。その時に、子どもの照れた、はにかんだ何ともいえない満足した表情を発見するだろう。そして、「あぁ、子どもはこういうふうに一人前に扱われたがっているんだ」と気づくだろう。

心情に意味がある

お互いに認め合う信頼関係こそが人間のコミュニケーションの基本になる。私は初めに、「その時には、およそ会話らしい会話はしない」と書いた。信頼というのは、心情↓身情の心のありようにもとづいている。子どもに寄り添って認める気持ちは、その行為に対してではなく、素直な心にこそ向けられねばならない。従って、極端に言えば、行為は下手でもかまわないのだ。頼まれたことがきちんとできなくてもいい。行為は成長に伴って、必ず上手になっていく。

しかし、心は一分一秒待ったなしで、大人の愛情と信頼を求め続けている。どんな時でも、子どもを裏切るようなことがあってはならない。

忍耐比べは立派な教育

玄関で靴を揃えて「ありがとう」。洗たく物をカゴに入れて「ありがとう」。あそんだ玩具を片付けて「ありがとう」と、子どもに声をかけてみよう。子どもが自分でしなければならないことであっても、「お母さんを助けてくれてありがとう」と穏やかに子どもを認めてやろう。くれぐれも「自分の靴くらい揃えなさい。自分のあそんだオモチャでしょう。できないんだったら捨ててしまうからね」などとは言わないことだ。

「自分のオモチャでしょ、片付けなさい」と言うと、「お母さん、やってよ」と言う子どもがいる。これはよくあることだ。そういう時にも、「はい、はい」と片付けを手伝ってやろう。「自分のことは自分でしなさい」と突き放して叱っても決してうまくいかない。親子げんかになるだけだ。なぜなら、こういうことには別の心情が働いているからだ。それを見抜かないで、「言ったこと」「したこと」で判断するから、我のぶつかりあいでけんかになる。

ちょっと違った方法で接してみよう。

「本当かしら?」と思われる方は、三回続けてやってみよう。

「うちの子どもはそんなことではますます調子にのって、片付けなくなる」と言われる方は、あきらめないで五〜一〇回と続けてみよう。必ず子どもは応えてくれる。忍耐比べだと思ってほしい。私も多くの先生や親と同じように、そのことに関してたくさんの困難な経験をしてきた。そして、子どもを信頼できるだけの、やはり多くの結果を見てきた。

別の理由がある

親が忍耐していることに気づかず、ますますお調子にのって、節度がなくなる子どもがいるとするならば、それは別の理由で心がバランスを欠いて逸脱しているのだ。そのことには手当てが必要だ。別の理由で抑制が利かず、片付けのできない子どもがいたとしても、「だから子どもは甘くするとつけ上がるんだ。もっと厳しく、いいこと、悪いことを教えてやらないとわからないんだ」という親や先生は、逸脱した子どもを見て、子どもの基準としていることになる。

もし、そういう先生がいるとするならば、その先生の周りにいる子どもたちは、情緒のバランスを欠いているはずだ。そして、子どもを育てている先生自身の心が逸脱していると言わざるを得ない。

一人前として認めて、認めて、認めて、きちんと接してやれば、子どもは自分の力で学習して、判断できるようになる。いいこと、悪いことの道徳的な価値も身につけることができる。

努力目標

子どもをほめる、認めるというのは、簡単なようでなかなかむつかしいことだ。そこには基本的な信頼関係が必要だ。それがないと口先だけのほめ言葉で心に届かない。

また「ほめてやりたい、認めてやりたい」と思っていても、実際、毎日の忙しい生活の中ではそうもいかず、「ついつい」ということもあるだろう。

だから、努力目標ということでいいと思う。

子どもの心の中をよく知るということで、努力目標に一歩も二歩も近づこう。

子どもの正常化へのプロセスをもっと勉強しよう。そして、子どもが信じられる大人になろう。

子どもの運動能力がおかしい

転ぶ時に手をつかない子ども

先日の降園時、名前を呼ばれて勢いよく玄関を飛び出して行った三歳児が、すぐに泣きながら先生に手を引かれて戻ってきた。聞くと途中で転んだという。玄関に座って先生が薬をとってくるのを泣きながら待っている。よく見ると片方のヒザを少しばかりすりむいて、血がにじんでいる。

その子はそれを両手で抱えるようにして、半分パニック状態になっている。痛そうにしている本人には悪いのだが、どう見てもそれほどの傷ではない。砂をはらって、簡単に消毒をしておけばすみそうなことだ。

やがて少し泣き方がおさまって、子どもは怖そうにそーっと傷を見ている。そして、かすかににじんでいる血を見た途端、再び大声で泣き始めた。しかし、力を入れて泣くのは長くは続かない。泣き声が小さくなってくると、よせばいいのに再び傷をそーっと見る。そして、また泣き始める。それをくり返している。

　子どもの全体を見ると、服に砂がついて汚れたぐらいで、どこにもそれ以上の問題はなさそうだ。ところが、不思議なことに鼻の頭とその下の唇のとがったところにベッタリと白っぽく砂がついている。

「あれは何だろう?」と思っていると、やがて先生が薬箱を持ってやってきた。消毒薬を出して、「ワァワァ」と大袈裟に抵抗する子どもに手際よく消毒をする。そして、くり返し言って聞かせているのが聞こえた。

「転ぶ時は、ちゃんと手をつくのよ!!」

それを聞いて鼻の頭が砂で白くなっていることに納得できた。

　前向きに転んだ時に手をつかなければ、まず間違いなくひざ頭を打ち、子どもといえども顔の中でもっとも高いであろう鼻を打つのはあたりまえだ。鼻を打ったのだからおそらく本人は相当痛かっただろうと想像できる。それにしても、ひざを抱えて泣いている子どもに先生が「転ぶ時は、ちゃんと手をつくのよ!!」と言って聞かせるのは何となくおかしくて、不謹慎だがちょっと笑ってしまった。

子どもの運動能力がおかしい

「転ぶ時は手をつくのよ!!」というのはあまり聞かない言い方である。それに、子どもに転び方を教えるというのはあまりしないものだ。転び方を教える方法があるものかどうかもよくわからない。ということで、どうも意味はわかるが、その内容が判然としない。そのはっきりとしない理由は、子どもであれば転んだ時に手をつくというのはあたりまえという思いがあるからだろう。そういうことは、あそびを中心とした生活の中で体が自然に覚えることであって、あらためて教育的指導で教えられるものではないと、親も先生も思い込んでいる。

しかし、実際に、目の前に鼻の頭を白くして泣いている子どもを見ると、そうとばかりも言えないようだ。最近、あたりまえの運動能力が充分に備わっていない子どもたちが、確かに目に見えて増えてきたような気がする。まっすぐ向こうからやってくる相手とまともにぶつかってしまう。ドーンとあたって尻もちをついて、何事が起きたのかとキョトンとしている。ぶつかりそうになった時、相手をよけられない。いやよけようとしないのだ。よけようとして失敗してぶつかるというのならわかるのだが、まさしく、よけようとしないのだ。ぶつかる前に体をかわすということの意味がわからない。自分の体がそのように素早く反応しない。

こういったこともあたりまえの運動能力の欠如、未発達と言えるだろう。かけっこをさせると、子どもらしく手と足を大きく振って生き生きと走っている子どもの後ろのほうで、手と足がうまく協応せずバラバラで、今にも転びそうなあぶなっかしい走り方をする子どもが見られる。また、つま先でチョンチョンと小刻みに跳ねるように走る子ども、ひざを蹴りあげることを知らないので走っているのか歩いているのかわからない止まってしまいそうな子どももいる。子どもが歩くこと、走ることができないとは!!

しかし、実際にそういう子どもが目の前にいるのだ。間違いなくこれは子どもの生活環境、あそびの環境に問題があると思われる。

体が自然に覚えることの意味

ここで、あそびの中で体が自然に覚えることというのはどういうことか、ちょっと分析して考えてみよう。

小さな子どもの自由なあそびの中には、筋肉の運動能力を高める要素と発達の可能性が含まれている。あそびの中では、手足を中心として体中の筋肉を押したり引いたり、緊張させたり、緩めたりという活動が自在に行われている。しかも、それらは必ずしも目に見えて体を鍛えるというだけの運動ではない。体の中の自分自身の思い通りにならない筋肉活動のレベルも発達、向上させている。このことが重要なポイントになる。

それは自律神経系の活動の環境への適応力を高めていくこととも言える。自律神経系、たとえば心臓、内臓、血管、内分泌系などは、自分の体の一部でありながら、自分の思い通りにならない力に支配されている。意志の力が及ばない神経系のことだ。それ自体が自律した神経活動を行っている。これがうまく調節できないと自律神経失調症ということになる。

子どもが転びそうになった時の反応は、脳がその状況をキャッチして、それに対して体を防衛させるためにどうするのか合図を送る。そして、筋肉が反応して手が体の前に出るというのでなく、転んだ時に手が前に出るのは、おそらく反射的な行動だ。手をつくというのは意志の力を待たない。自分の体を守るためのとっさの防衛反応である。体が自然に覚えるというのは、そういう素早い反応ができるようになるということである。

そういった状況に適応するための反応力ともいえる能力は、いわゆる筋肉運動だけでは身につかない。従って、子どもの運動には、各種のオニゴッコやドッチボールなどのような、状況に応じて素早く反応できるようなあそびを加えることが大切なのだ。

回数を重ねて学習する

たとえば、砂あそびを見ていてもわかる。最初の頃は、はね返ってくる泥で服も顔もひどく汚れていたのが、あそびこんでくると、より複雑なトンネルを作ったり、水の量が増えているにもかかわらず汚れ方がましになってくる。よく見ると砂山が崩れる時や水の流れ出してくる方向などに対して、反応が素早くなって上手にあそんでいることがわかる。これは、回数を重ねて体が覚えて、上手にあそべるようになったということだろう。

一歳前後の頃から子どもはヨチヨチ歩きをしながら転ぶことを練習している。この頃の子どもはほとんど、どのように転んでも大きなケガにならない。体が柔らかくできている。転びながら子どもの体は次なる状況に素早く反応できるような、自律神経系に支配されている運動能力を高めていく。子どもが転ぶのは、それ自体が次の発達目標の学習の場になっているわけである。

道路のような固い平坦な地面ばかりを歩き、走っていては、子どもの運動能力は片寄る。運動するには坂道を登り降りする。砂地、小石の道を走る。時には手を使いながら障害物をよけながらと、多様な要素が必要だ。園から散歩に出掛けて山を登る時、ただの山道を通らず、道のない所を草をつかんでよじ登る、尻をおとしてずり降りるなどの活動は子どもにとって意味がある。

また、最初登れなくて泣き出してしまった子どもが、何回目かの時によじ登ったうれしさ、自力でお尻をまっ黒にして降りてきた時の安心感、ひざを曲げてへっぴり腰だったのが、大きな歩幅で立ったままピョンピョンと道なき道を登れるようになった誇らしさなどは、自分自身に自信を持つという精神面での自立を促す意義も合わせ持っている。

子どもが学習する場

子どもを観察していると「転んだ時に手をつく」というのは、自然に身について誰にでもできることではなく、あそびをとおして学習して、身に付けていく、また、高めていく能力なのだということがわかる。ということは、学習できるような場が必要ということだ。その場は、たとえば決められた枠の中でのとび箱やマット運動というのでなく、オニゴッコに代表されるような、社会性も含めてあらゆる子どもの能力が試される総合的なものでなければならない。

先日、三歳児が体操教室に通って「鉄棒ができるようになった」という話を聞いた。そのことが、本当に子どもの運動能力を育てることにつながるのかどうか疑問に思う。子どもにとっては、決められた時間、場所、課題で鉄棒を教えるより、たとえば、父親の両手につかまって、その大きなヒザや腹、胸に足をかけてくるりと回るあそびのほうが意味がある。座って新聞を読んでいる背中によじ登る時、子どもは息をきらせて一生懸命だ。何よりもそれは楽しい。父親にはうるさく迷惑かもしれないが、親と子のコミュニケーションの一つにもなる。しかも、いろいろな運動能力がそこには含まれている。

幼い子どもの心身の発達に関していえば、部分的に切り取って教えるトレーニングするというのは馴染まない。〇〇教室のトレーニングは、基礎運動能力が身について、体を動かすことが楽しいという気持ちが育ってから、ずーっと後からでもいいと思う。

しかし、現実にスイミングや体操教室が盛んなのは、子どもが自然に体で覚えることを待っていられない状況が一方で子どもを取り巻く環境の中にあるからだろう。

親や先生の役割

さて、以上のような子どもを取り巻く環境の中にあって、親や先生の役割のことを次に考えてみる。

走る、転ぶ、起きるという一連の動作が、目に見えないところで子どもの重要な体の発達の一部を担っているのであるならば、大人はそのことに対して配慮が必要となる。

しかし、実際の場面では「あぶない」「かわいそう」と、情緒的に反応してしまって子どもの心身の自立を助けるという、より大きな目標を見失っていることが多い。

その結果

① 転んだ子どもをすぐに助け起こす。
② 転んだのはつまづいた石が悪いと奇妙な慰め方をする。
③ 小さな傷に過剰に驚いて子どもをかえっておびえさせてしまう。
④ あぶないからと前もって危険を除いてしまう。

というような、場当り的な対応をしてしまっている。

「子どもにとって意味のあることに、危険を伴わないものはない」ということを思い出してほしい。転んだ時に手をつくことを自然に覚えるというのは、そういった学習や練習ができる環境があってこそいえることで、そうでなく、過保護・過干渉に代表されるような、子どもへの過ぎた情動や安全の配慮は、自然に身に付くはずのものさえ、子どもから奪ってしまうことがあることを忘れてはならない。

年令に応じた子どもの自然な活動をできる限り保障する環境を準備してやるのは、親や先生の役割である。

親と一緒に公園に出掛けた時は、余計な口出しをせずのびのびとあそばせてやる。子どもどうしあそんでいる時、少しばかりのルール違反があっても子どもたちに判断を任せる。保育園から散歩に行く時は、いつも二列に手をつないできちんと歩くというのでなく、大きな安全を配慮した上で、楽しい会話や寄り道を許そう。坂道を滑ったり木にのぼったりして、ドキドキすることがあってもいい。木から落ちることも練習の一つだ。思いっ切り動けば汗をかく、汗をかくと体温調節のために自律神経系が機能する。一日一回は汗をかくぐらいの運動は必要だ。裸足になってあぜ道で蛙をとったり、川に入って魚やカニを見つけるのもいい。冷たい水に皮膚は鍛えら

れる。

子どもどうしの追い掛けごっこ、やっつけたりやっつけられたりのあそび、引っ張り合う、馬のりになる、しがみつくなどの活動はとても重要だ。そして、何よりもそういうあそびが子どもたちは大好きだ。

はずみで手があたって相手が泣き出すことがある。勢い余ってコブを作ったりすることがある。また乱暴が過ぎると、どうしても親や先生が介入しなければならない時がある。その時は特に慎重に、子どもの本来のあそびのリズムを混乱させ意欲を失ってしまわないように気を付けねばならない。

あそびは、心と体の全面発達を援助する

基本的に子どもどうしの自然なあそびは「何でもあり」と思っているぐらいでいい。始めるのも自由だし、終わるのも「ヤメター」のひとことであっさりとしたものだ。男の子どうしの戦いごっこも、女の子どうしでよくある言い争いも「もう絶交や！」の激しい言葉も、仲がいいから喧嘩するというのが本当のところだ。何故ならすぐその後でまたあそび始めている。そうしながら心も体もあらゆる可能性を試しているのだ。

あそびこんでいる子どもは、やがて自分の気持ちを抑制する力も強くなる。つまり、たっぷりとあそんでいる子ども、そのあそびの中で喜んだり、驚いたり、がっかりしたりと、ダイナミックな感情体験をした子どもは自分の気持ちにストップをかける、自己抑制する力も合わせて持つことができる。

反対に、充分にあそびを体験できなかった子どもは、感情面を整理することができず、相手を傷つけ、自分を傷つけるまで止まらなくなってしまう。

同じように体の筋肉を動かすには、たくさんの酸素や栄養分を必要とする。それを運ぶのは血液。従って、足の筋肉を緊張させたり緩めたりすればするほど血液はより循環する。やはり子どもにとっては、運動することは食事を食べることと同じぐらい重要な意味を持つ。

しかし、くり返すが、その運動とは外から見えない心の発達と、目に見える体の発達の両面が結び付いて、相互作用として働いているものでなければならない。「自然に体で覚えていく」。それは、親や先生のちょっとした工夫と配慮でできるような気がする。

転んだ時、手をつかない子どもがいる。だから「体操教室」という発想でなく、子どもの体を動かすことの意味をもう一度よく考えて、少なくともあそびの世界の中でそれが実現できるよう考えたい。

チック症と頻尿に悩む親

＊相談に来た母親
＊理解できない弟の問題
＊心のバランスを考える
＊弟の葛藤の原因はどこにあるのか？
＊これからの課題
＊兄と弟
＊心の持つ多面性
＊兄の心の表と裏

相談に来た母親

その母親が子どもの相談に来たのは、十二月の初めだった。

子どもがひどいチックと頻尿に悩まされているということなのだが、どうも母親の様子がおかしい。その話し方は、きちんと整理はされているが、早口で抑揚がなく、投げやりで落ち着きがない。そわそわと何度も座り直し、仕方なく話しているといった感じだった。

ひとしきり話を聞き終えたあと、母親にいくつかの質問をしてみた。


「それできょうだいは？」

「兄が一人います」

「お兄さんはいくつですか？」

「今年〇〇の私立中学に入りました」

「ほーぅ、それは優秀な方なのですね」

「ええそうなんですが、兄には私はとてもひどい母親をしてしまいました」

と、続けて話す様子を見ていると、この母親の言いたいことはこのあたりかなと予測してみたのだ。しかし、その予測も次の話の転回であっさりとひっくり返ることになる。

「私は兄を医者にさせるつもりで、私立の中学に入れることにしました。もともと気のやさしい子どもで、甘えん坊だったので、勉強させるのはそれは大変でした。自分でするという自主性というか、根性というか、ありませんでしたので、あらゆることを私にやってもらいたい子どもでしたから」

「ご主人は同意されたのですか？」

「主人は何も言いません。子どものことは私が全部やってきました」

と、この時はじめてきっぱりと、私の目を捉えて、母親が言ったのが印象的だった。

「私はこれでは駄目だと思って、つきっきりで勉強させました。嫌がる子どもを無理やり引っ張ってきて、机に座らせました。投げ出そうとするのを叱りつけまして、時には手を上げてひっぱたきました。机の前にひきずってきたこともあります。その結果、私立の中学に受かりました。でも考えてみれば、ずい分ひどい母親だったと思います。子どもには鬼のように見えていたでしょう。私もわかってはいたのですが、その時はとにかく子どものため、この子のためなのだからと、歯をくいしばって勉強させたのです。今は嵐が過ぎたというか、ホッとしたところで、気が抜けたような気分です」

一気にしゃべり終えた母親は、目線を膝の上に組んだ自分の手に落として、本当に肩を落としてホッとしたという雰囲気だった。

兄と弟

話を聞きながら、これであるならば何も言うことはないなと、私は内心考えていた。いろいろな葛藤と苦しみはあったにしろ、一時期を過ぎてこの母親は、自分の心の中のこと、やってきたことの、自分自身の総括ができつつある。心の問題はどんな問題にしろ、必ずその当事者の中に答えが隠れている。そして、それを発見して乗り越えていくのはやはり当事者でしかない。もし私にできることがあるならば、話を聞き、混乱した内身を整理していく手助けをするぐらいのことである。

一息ついて気持ちが落ち着いたのか、その母親は続けて次のように話した。

「先生、下にもう一人男の子がいます。この子は小学四年生です。私は兄のことを考えて、反省をこめて、下の子にはできるだけ寛大な母親になろうと決めました。そして努力しました。子どもの言うことをじっくりと聞き、殆ど頭越しに叱ることもせず、自分のしたいことをやらせてきました。おかげで下の子どもは本当にのびのびと育ちました。特別に何ができるというわけではないのですが、友だちもたくさんいて、学校でも先生にほめられます。穏やかで楽しい子どもなんです」

「ほぅ、それはまたお兄さんと随分違った育て方をされたものですね」

「ええ、兄は中学校はパスしましたが、やりたいことも充分にできず、悔しい思いをしたことと思います。ひょっとしたら鬼のような私を憎んでいるかもしれません」

この後、話は急転回する。

理解できない弟の問題

「それで……?」

と、私。

「実は下の子ども、弟が一ヶ月前からチック症がひどく、最近、お手洗いも近くなってしまったんです」

話がこんがらがってきた。

私立中学を受験するため、子どもの気持ちを無視して、親が引っ張りこんで無理やり勉強させた兄と、大らかにのびのびとしたいことをさせて育ててきた弟がいる。そして、チックと頻尿の神経症の症状、となると、誰が聞いても、問題を起こしているのは兄のほうだと考えるだろう。ところが実際はその反対で、弟のほうに症状が出てしまった。そこで母親にはわけがわからなくなってしまった。最初の母親の落ち着きのなさ、どこか焦点の定まらない雰囲気はこういうことだったのだ。

母親は弟の神経症の問題で教育相談所を訪ねた。その結果は「母親の愛情不足」「じっくりと子どもと付き合うよう心がけて下さい」「子どもを認めて、抱き締めるような愛情が足らない」と、どこでも異口同音に悟された。そのことが母親を余計に混乱させてしまった。

母親は言った。

「先生、私は兄のことで愛情不足だとか、子どもを認めてあげなさいとか言われたら、全くもっともなことだと納得します。子どもの気持ちを考えない、どれくらいひどい母親だったかということは私が一番よく知っていますから。でも、弟のことでそれを言われるのはどうも合点がいきません。弟にはきちんと向き合って話し合い、さっきも言いましたが、本当にのびのびと育ててきたんですから。私が言っているだけじゃありません。学校の先生も周りの人たちも皆それは知っています。それなのに、どこに相談に行っても私の愛情が足りない、子どもを認めていないって言われるんです」

「わかりました。でも、チックと頻尿の症状は弟さんのことなのでしょう?」

「ええそうなんです。それで、もうよくわからなくなってしまって」

と、それまで勢いよく自分の気持ちを表していた母親が、困惑した表情でまた目を伏せてしまった。ここではっきりとわかった。母親の話したかったのはこのことだったのだ。

心の持つ多面性

さて、この問題はどういうことになっているのかを次に考える。

まず、人間の心のことなのだが、どのような人間も、たとえば全部白ということはない。同時に全部黒もない。人間の心はある一つの傾向を強くして表れるけれど、その他の多様な面を同時に持っているものなのだ。たとえば、明るい陽気な人は、暗く寂しい面を持っていないわけではない。ただ、日常生活において、明るい陽気な面が強く表れているというにすぎない。その表れた傾向が私らしさということにもなる。「私ってこういう人なのよ」と、ちょっと自潮気味にそれでいて意識過剰になって若い女性が自分を評して言うのを聞くことがあるが、正確には「私ってこういう面を持っている人なのよ」ということになる。そして、どの人も普通は信じられないほどの多様な面を持っているものだ。心のことで言えば、千手観音とか百面相というのは、誰にでもあてはまる。

それをまずはじめに確認して、この兄弟の問題を考えてみよう。

中学受験のために母親に無理やり勉強をさせられた兄、したいこともできず、言いたいことも言えず、引っ張られ、たたかれて勉強だけに追い立てられたこの兄は、母親の言うように自分の母親に憎しみさえ感じているかもしれない。いや、感じているだろう。全くひどい思春期だ。しかし、先程書いたように、全部黒はない。やりたいこともやれず、友だちとも充分にあそべず、兄が失ったものは多いかもしれないが、その中で得てきたものもある。それは一体何だったのか。

人間の心の中はどのような状態にあっても、多面的に働く。極端で一面的な生活を強いられたとしても、その他の目は違ったものを見、心は違ったものを感じてきたはずである。

一方、兄に対する反省から、のびのびと育てられてきた弟、真正面から向き合い、話し合い、認められてきた弟は、理想的な子育てのように思われる。が、やはり、全部白はない。理想的と思える育てられ方の中で、得てきたものは数多くあるだろうが、果して失ってきたものはなかったのだろうか。

心のバランスを考える

黒の生活の中にある白、白の育てられ方の中にある黒を考えることには意味がある。何故なら、反対側にあるものは、表に現れることはないが、心の全体のバランスをとる上で、とても重要な役割を演じているからだ。そして、そのバランスが保たれている時は問題は起きないが、それが崩れた時、問題が起きる。

それがこの場合、弟のチック症と頻尿という、目に見える症状になって現れたわけである。心の問題は、風邪をひいた、ケガをしたということと違って、つかみどころがないのが時に困ったことになる。風邪であるならば、ウイルスのせいだとか、体力が落ちているからだと、薬を処方してもらえる。ケガであるならばその程度に応じて外科的な手当ができる。しかし、心の問題は、これに対してはこれという薬はない。まして、「二針縫って、傷口を消毒して一件落着」というわけにもいかない。そこで、心の問題を考える時の大切なことは、心の中の多面性の理解と、そのバランス感覚を持つこと、そして想像力を働かせることとなる。

兄の心の表と裏

兄の失ってきたもの、それを黒とするならば、その黒をイメージするのは誰にも簡単だろう。しかし、得てきたものとしての白をイメージできるだろうか。ひどい仕打ちを受けながらその中で、兄が見てきた感じてきた、意味のあることというのは何だろう。

前も書いたように、これはイメージの世界であるから、断定するわけにはいかないのだが、あえて、ひとことで表すならば、それは「母親の本音」ということになるだろう。

自分のエゴをむき出しにして、おそいかかってくる母親の中に、人間としての隠しようのない本音、欲求、わがまま、そして、子どもに対する盲目的な愛情、それらを兄は感じたことだろう。そして、それらは母親という人間を理解する上で、大いに役立ったはずである。かっこつけることのない母親の本性、人間としての生きざまを感じることができただろう。

人間は相手が理解できると怖くなくなる。相手が何を考えているか、何故こんなことをするのか、意味がわからず理解できない時、避けようとする。恐怖心が涌いてくる。戦の上では「敵をしれば百戦危うべからず」ということになるが、同じことである。大人の人間社会でもそうである。ひどい上司に振り回される部下、姑にいじめられる嫁、いずれも相手がどのような人間なのかがうかがい知ることができれば、冷静でいられるものだ。そして、ガミガミといやがらせをする相手に、同情する気持ちさえ起こってくるものだ。

嵐のような受験の時期が過ぎて、冷静になった今、兄は母親を一人の生身の人間として理解することができたのであろうということは想像できる。それは、母親の仕打ちに対する「許し」の情ともつながって、穏やかな親子関係へとつながっていく。

弟の葛藤の原因はどこにあるのか

さて、母親が反省をこめて、手厚く育ててきたにもかかわらず問題症状を起こした弟のことだが、やはり同じように、得てきたものを白とするならば、失ってきたものを黒として、何をイメージできるだろう。心の中で、全体像のバランスが崩れた時、問題行動は起きる。この場合はチック症であり、頻尿という結果を起こしたことになる。

イメージしてみるが、たとえば、この弟にとって、母親はどのように見えているだろう。愛情豊かでものわかりのいい母親、自分の言い分をじっくりと聞いてくれ、決して無視して振り回すようなことはしない。まさしく理想的な母親、言い換えるならば、観音様のような母親と見えていただろう。ここで、小学校四年生、一〇歳という年はどういう意味を持つだろうか。子どもを慈しんで、どのようなわがままも忍耐強く育ててくれる母というのは、乳幼児期の子育てには求められることである。

しかし、子どもはやがて親離れという時期を迎えることになる。その時に、母親の（勿論父親もそうであるが）多面性を知ることは重要だ。つまり、前途したように、相手が理解できてはじめて相手を乗り越えることができる。

普通、子どもは四～五歳以上になると、親よりも友だちと一緒にあそぶことを好むようになる。その中でいろいろな人間の多様な側面を学習する機会を得ることができる。違いを知ることは、自分に目覚めるということにもつながる。

ずっと母親べったりだった子どもが、急に理屈っぽい会話をするようになって、自己主張をして、親に強く対するようになる。それをくり返しながら親離れができるようになる。

また、イメージするだけなのだが、この弟の黒の部分はおそらく、母親を多面的に理解する環境が充分に与えられてこなかったということが原因で生じたことと考えられる。そして、一〇歳になって、親離れの時期になったのだが、子どもの持っている親のイメージが観音様だけであるならば、これは乗り越えようがない。いくら何でも、観音様に人間的な泥くさい情の世界があるとは思えない。

観音様は慈しみ育てる、完全無欠のイメージがある。そうであるならば、どのような立派な人間でも立ち向かうことはできない。母親のイメージがあまりにも偉大であるということは、親離れがむつかしいということにもなる。それでいて、一〇歳という年令の発達は、内面から自立と親離れを求めてくる。親から自立する時期の葛藤によって起こる様々な感情世界が、やがてコンプレックスにもつながる。親離れに失敗した例としては、マザーコンプレックスという言葉で一般的によく知られているので皆さんご存知だろう。

これからの課題

さて、これからこの親子は、どのような関係を作り上げていく必要があるのか。

まず、母親を一人の人間として認めていく、理解していくということのできる環境作りが求められる。

一人の人間は様々な顔を持っている。たとえば、母親であり、妻であり、女であり、社会人でもある。それが複雑にからみ合って、一人の人間の人格を形成している。そのことを理解することによって、この弟の母親に対するイメージは、一面的な観音様から脱却して、もっとわかりやすく、身近な存在として、母親を自分の方に引き寄せることができるだろう。そのことから、もし、親離れ、自立するということがスムーズになされるならば、チック症、頻尿などの神経症の症状は軽くなっていくに違いないと思われる。それをどのように実現していくのかは、この親子で考えていくことでもある。そして、気になるのだが、そこでは父親の存在も無視することはできない。

少し意味がわかってきたのか、相談に来た母親は表情が柔らかくなった。相談所で一方的に「母親の愛情不足」「子どもを認めなさい」と言われたことに対するやりきれなさ、腹立たしさは、意味がわかれば気持ちも収まってくる。

「お母さんが悪いわけじゃないんですよ」のひとことは、母親を冷静にし、勇気づけたようだ。その上でより大きな、新たな問題にこれから親子で立ち向かっていかねばならない。厄介ではあるが、向かっていく相手、問題がはっきりとしたことで、気持ちが前向きにスッキリとしたようだ。

新たに起こる問題は、その都度、面接をしましょうと約束して、この日の相談を終えた。

エピローグ

二〇〇〇年の梅雨は、どうもはっきりしない。蒸し暑い毎日が続いている。七月五日より受け入れをしていた日本の学校生活を体験するニュージーランドの小学生のグループが、十一日帰国した。四階建ての均一校舎、芝生ではない土のグランドに驚いたり、珍しがったり。日本の子どもたちにも刺激的な一週間だった。

Ｋｉｗｉの子どもたちは、一斉に動くのがどうも苦手。何となく、ゾロゾロとして、ピシッと二列に行進なんてことはまずできない。彼らの学校では、集団行動の規律や方法を直接教えることはない。校長いわく「日本は何から何まで、過密で忙しい、我々の国では急ぐことがないんだよ」。良いか悪いかは別にして、育ちの違いは興味深いことだ。

彼らの後を追っかけるようにして、あたたかい冬のニュージーランドに私は学生を引率して出かける。今年で十四回目、もう長い間、日本の盛夏を知らない。

イラクのクゥエート侵攻も、四年ごとのオリンピックも、毎年の高校野球も、異国の地で聞いて、見ていた。そして、私の好きなフーテンの寅さんの死は、インターネットで知った。

私はリアルタイムの情報に弱い、ＴＶは見ない、ラジオは聞かない、雑誌は読まない、新聞はチョコチョコと読む程度なので、現在進行形にはいたってうとい。

子どものこともいつもそうだ、その時、見た、聞いたことは、大切にするが大抵そこに答えを見つけることができない。ちょっと時間がかかる、よって、常に頭の中にいろいろな宿題がたまったままになっている。ある時、ふと、光が差し込んで、「そうか、こういうことだったのか」と合点がいく。心に収まる。

ひどく多忙な毎日だが、けっこう、頭の中のテンポは遅い。その落差が私の猶予期間となり、さまざまな情報がただ飛んでいくだけでなく、成熟して、血となり肉となる機会になっているような気がする。そういう意味でＫｉｗｉの国は私に合う。

さて、『保育かわらなきゃ』、ようやく最後まで仕上がった。読み直してみて、むつかしいことをむつかしいまま書いてある部分が気になる。ほんとうには理解していない証拠を見せられているようで、ちょっと辛い。それでも、おおむね、流れるように心に届く出来映えではないかと、自負している。是非読んでいただきたい。

先生には「かわらなきゃ編」から、保護者には「子ども理解編」からが入りやすいと思う。

最後にエイデル研究所の新開さんありがとう。畑仕事に精出して、良い本をこれからも。煙草は控え目に。同じくエイデルの石井さん、今どき貴重な夜明け間近のあんどんのような電話の声に、感謝。これからもよろしく。

二〇〇〇年七月二〇日

【著者略歴】

じんろく（本名　赤西雅之《あかにしまさゆき》）

1973年　大阪府立大学卒業
1984年　障害児総合園子どもライブラリー設立
1997年　社会福祉法人子どもの家福祉会理事長
　　　　播磨灘保育園園長
2006年　甲南女子大学人間科学部教授

現　在　社会福祉法人子どもの家福祉会理事長
　　　　甲南女子大学人間科学部教授
　　　　全国各地で新しい保育理念と方法を指導

著　書　『モンテッソーリ入門』（明治図書　共著）
　　　　『自由な子どもの発見』（ミネルヴァ書房　共著）
　　　　『子どもの自由世界』（エイデル研究所）

保育かわらなきゃ―かわらなきゃ編・子ども理解編―

2000年9月3日　初版発行
2008年5月25日　第六刷発行

著　者　赤西　雅之
発行者　大塚　智孝
印刷・製本　中央精版印刷（株）

発行所　**エイデル研究所**
〒102-0073千代田区九段北4-1-9
TEL 03-3234-4641　FAX 03-3234-4644
振替口座　00110-1-62265

ISBN978-4-87168-305-0　C3037